프랑스,
문학과 풍경이 말을 걸다

인문지혜총서100선
023

프랑스 문학 발자취를 찾아서

프랑스,
문학과 풍경이 말을 걸다

장금식 글·사진

인간과문학사

작가의 말

　파리는 내게 제2의 고향과도 같은 곳이다. 프랑스에서 공부한 인연으로 그곳을 자주 여행했다. 그 경험을 바탕으로 프랑스와 관련된 글들을 여러 잡지에 연재했다. 2023년부터 2년간 종합문예지《인간과문학》에 '파리에서 날아온 리뷰'라는 제목으로 프랑스 소설 리뷰를, 2017년부터 2년간《여행작가》에 '프랑스 문학 공간 따라가기'를, 2024년 1년간 수필 전문지《선수필》에 '프랑스 문화 기행'을 4회 실었다. 모두 프랑스 소설과 그림 배경지를 직접 탐방하며 조명한 글이다. '에세이 같은 리뷰', '평론 같은 리뷰' 성격을 띤다. '책상머리 글'이 아닌 '걷는 글'이 되도록 두 발과 두 눈을 비롯해 몸에 힘을 실었다.
　삶을 초록 잎과 예쁜 꽃으로 가득 채우고 싶어 세상과 세상의 소문, 떠도는 바람이 드나들게 문을 활짝 열었다. 호명하는 기억의 쏟아짐과 어깨를 짓누르는 무게에도 불구하고 사유의 배낭을 채우고자 떠났다. 빈 배낭 메고 길 위의 길을 걸었다. 많은 눈과 귀, 사물이 몰려와 나를 관통했다.
　2017년 20일간, 2023년과 2024년에 2개월씩 프랑스에 체류하면서 소설과 그림 조명을 위해 열정을 다하고 정성을 기울였다. 인문학과 문학 기행에 관심 있는 분들께 조금이라도 도움이 되고자 책으로 묶어볼 용기를 냈다.
　초록 잎들이 의미가 되기까지 글 집 가꾸기에 여념이 없었다. 글 틈 사이사이 햇살이 비집고 들어오더라도 질박한 글 텃밭 탓인지 글 집을 환히 비추진 못한 것 같다.
　노마드의 꿈을 담은 리뷰집이지만 나는 내 글 집의 푸른 주소이고 싶다.
　이 책 발간을 위해 배려해주신 서정환 회장님, 유한근 발행인과 '인간과문학사'에 깊은 감사를 드린다.

2024년 12월
장금식

CONTENTS

작가의 말 · 5

1부
■ ■ ■

노동자들과 하층민의 삶을 대변한 민중소설 · 10
　— 에밀 졸라Emile Zola의 《목로주점》

노르망디 뀌베르빌Cuverville을 찾아서 · 24
　— 앙드레 지드André Gide의 《좁은문》

타락한 사회, 버려진 아버지의 초상 · 36
　— 오노레 드 발자크Honoré de Balzac의 《고리오 영감》

떠도는 정체성, 근원으로 회귀하다 · 50
　— 르 클레지오J.M.G. Le Clézio의 《황금 물고기》

아나톨 프랑스Anatole France 거리를 걸으며 · 64
　—아나톨 프랑스Anatole France의 《에피쿠로스의 정원》

배척하는 단어들이 만들고 밀어내는 현실 · 80
　— 아니 에르노Annie Ernaux의 《다른 딸》

처절한 정원의 석류는 애처로운가 · 96
　— 미셸 깽Michel Quint의 《처절한 정원》

야생의 바다, 고립을 일깨우다 · 109
　— 미셸 투르니에Michel Tournier의 《방드르디, 야생의 삶》

2부

■ ■ ■

슬픔은 제 빛깔에 물든다 · 118
— 프랑수아즈 사강Françoise Sagan의 《슬픔이여 안녕》

태양은 낙조를 서두른다 · 126
— 모파상Guy de Maupassant의 《여자의 일생》

유람선은 스토리텔러를 부른다 · 134
— 기욤 뮈소Guillaume Musso의 《7년 후》

아비뇽, 역사와 문학을 말하다 · 142
— 알퐁스 도데Alphonse Daudet의 《교황의 노새》

위험하고도 아름다운 곳, 벨 빌 · 150
— 에밀 아자르Emile Ajar의 《자기 앞의 생》

목마르다, 신이시여! · 159
— 아나톨 프랑스Anatole France의 《신들은 목마르다》

3부

■ ■ ■

센강의 방랑객, 랭보와 함께 • 170

미완의 고독, 반 고흐 • 178

수련과 빛, 언어에 스며들다 • 186

예술가들의 성지, 옹플뢰르 • 193

1부

노동자들과 하층민의 삶을 대변한 민중소설

— 에밀 졸라Emile Zola의 《목로주점》

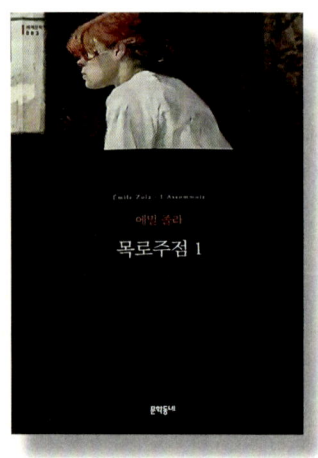

에밀 졸라, 박명숙 역,
《목로주점 1,2》,
문학동네, 2023

생의 오르막 같은 낮의 긴 하루를 접으면 내리막의 가벼움과 지는 해의 낭만을 곁에 두고 싶어 퇴근길 발걸음은 가벼워진다. '차 한 잔'이나 '술 한 잔'이 잔 속에 해거름 노을빛을 담아 사람의 마음도 붉게 물들어지는 시간이다. 차나 술에 낭만의 색을 타면 낮의 시름이 활활 끓다가 흥건해지기 시작한다. 그곳에 빠지지 않는 선술집이 빼곡히 얼굴을 내민다. 〈목로주점〉이라는 이름이 낯설지 않다.

〈목로주점〉이라는 말을 떠올리면 에밀 졸라의 소설은 물론 우리나라 대중가요 가수, 이연실의 〈목로주점〉도 덩달아 떠오른다. "(…) 오늘도

목로주점 흙바람 벽엔 삼십 촉 백열등이 그네를 탄다 (…)"라는 가사 한 마디에서 황홀한 불빛의 너울춤을 상상한다. 멋진 장식으로 분위기 있는 낭만 카페의 무드가 한껏 기분을 끌어올린다.

이 연장 선상에서 졸라의 소설이 쓰였다면 낭만 소설의 한 획을 그 었으려나. 노래는 노래이고 소설은 소설이다. 이런 분위기를 반전시키는 소설 《목로주점》에도 '백열등이 그네를 타고' 춤을 추었으리라. 낮이 밤을 축복할지, 밤이 낮을 애도할지 두고 볼 일이다. 화려한 불빛을 남겼을지 그을린 불빛을 남겼을지 궁금하고 제목이 주는 이미지에 끌려 책을 들었다. '드레퓌스 사건'으로도 유명한 작가이지만 《목로주점》 또한 세계적 문인으로 발돋움하는데 지대한 역할을 했다. 프랑스의 대문호 에밀 졸라Emile Zola(1840~1902), 그가 발표한 《목로주점》이 어땠길래 100쇄를 찍을 만큼 위력을 가졌을까. 그리고 그는 어떤 작가일까?

1. 노동자와 민중의 아버지, 에밀 졸라Emile Zola

파리 여행 14일째, 마침 프랑스 혁명 기념일이다. 대혁명이 있어서 에밀 졸라도 노동자와 민중을 대변하는 《목로주점》 같은 소설을 쓸 수 있지 않았을까. 호텔에서 기념식을 TV로 보다가 서둘러 나갔다. 오늘의 일정은 《목로주점》의 소설 배경지인 파리 18구 둘러보기다. 지하철 4호선을 타고 '바흐베 로슈슈아르Barbès-Rochechouart'역에 내렸다.

Chappelles 거리와 Barbès 거리가 만나는 길, 역에서 바로 나오면 '바흐베Barbès'라는 카페가 있다. 《목로주점》의 주인공 제르베즈가 일했던 곳이라고 해서 이 카페에 들어가 에스프레소를 주문했다. 에밀 졸라도 이 소설을 쓰기 위해 얼마나 많이 이곳에 왔을까 상상하며 작가의

바흐베 로슈슈아르역 앞 Barbès 카페

에밀 졸라가 태어난 집 현판

생을 생각해봤다.

　1840년 파리에서 태어난 그는 일곱 살에 아버지를 여의고 극심한 생활고를 겪었다. 남부 엑상프로방스에서 유년기를 보내고 18세에 어머니와 파리로 돌아왔다. 일찌감치 출판사에서 일하다가 곧바로 그만두고 전업 작가의 길로 들어섰다. 발자크의 영향을 받아 20권의 연작소설을 기획해 20년에 걸쳐 《루공 마카르 총서》를 출간했다. 《목로주점(1977)》을 비롯해 그의 모든 소설이 이 총서 안에 들어있다. 대표작으로 《나나(1880)》, 《제르미날(1885)》, 《인간 짐승(1890)》 등이 있다.

　이런 작품 모두가 어린 시절의 빈곤한 생활 영향인지 작가는 노동자와 하층민의 삶에 눈을 돌리고 그들의 삶을 적나라하게 노출한다. 그들의 삶에 온기를 불어넣고 싶었던 작가의 의도를 읽어볼 수 있다. 그러나 너무나 적나라하고 끔찍하게 묘사했다고 하여 《목로주점》이 출간되기 전, 신문에 연재하자마자 여러 논란의 대상이 되었다. 책으로 출간되었을 때, 작가의 훌륭한 의도와 더불어 이런 논란 덕분에 오히려 100쇄까지 찍었다는 말이 있다. 그때 작가는 집필 의도를 이렇게 말했다. "내가 그리고자 했던 것은 악취를 풍기는 우리 변두리에서 살아가는 한 노동자 가족이 돌이킬 수 없이 전락해 가는 과정이다. 알코올중독과 나태함은 가족의 해체와 온갖 추잡함, 바르고 정직한 감정들의 점진적 상실을 야기하며 종국에는 수치와 죽음을 안겨주고 만다. 이것이 바로 내가 보여주고자 하는 작금의 도덕론이다."(에밀 졸라, 박명숙 역, 《목로주점 1》, 문학동네, 2023, pp. 7~8)라고 했다.

　민중의 삶! 그 처절함을 외면하지 않아 '노동자와 민중의 아버지'라는 인상을 얻었다. 그리고 불의와 거짓 또한 그냥 지나치지 못해, 정의롭고 정직한 작가, 불의와 맞선 투사, 양심적인 작가로 이름을 떨친 사

바흐베 카페에서

하늘에 그려놓은 삼색 비행기 묘기

건이 있다. '드레퓌스 사건'이다. 유대인 혈통의 프랑스군 장교 알프레드 드레퓌스Alfred Dreyfus가 부당하게 스파이 혐의를 받은 것과 관련하여 대통령에게 보내는 공개서한, 〈나는 고발한다(J'accuse)〉를 발표하며 행동하는 지성인의 대표 주자가 되었다.

그의 작품으로 보나 행동하는 지성으로 보나 시대가 요구하는, 없어서는 안 되는 꼭 필요한 작가였음을 인정하지 않을 수 없다. 그의 가치관과 삶의 형태에서 스며 나온 작품 《목로주점》! 무관심과 어두운 곳, 사각지대의 관심을 끌어내는데 온 힘을 기울였던 걸작이다. '파리 노동자, 하층민들의 서사시'로 평가된 이 소설을 마주한 것은 큰 행운이다

2. Assommoir(목로주점)의 상징과 단어적 의미

Barbès 카페에 앉아 혁명기념일 축하 행사로 하늘에 낮게 뜬 비행기 묘기를 보느라 정신이 없는데, 직원이 왔다 갔다 한다. 기회를 잡아 이 카페와《목로주점》의 연관성을 캐물었다. 젊은 직원 중 한 사람은 소설을 알고 다른 한 사람은 몰랐다. 기념사진을 찍으러 카운터에 가서 나이가 지긋한, 점장처럼 보이는 여성에게 한 번 더 자세히 물어보았다.

이곳이 소설의 주인공 제르베즈가 일했던 '세탁소' 자리냐고 물었더니 뜻밖의 답이 돌아왔다. 아마 세탁소 자리는 소설에 나오는 '구트도르 goutte d'or(황금빛 영롱한 길)' 거리 어딘가로 추정해볼 수 있다고 하고, '목로주점' 주인으로 나오는 꼴롱보 영감의 '선술집'의 위치를 가르쳐줬다. 매우 친절하게 지도를 펴면서까지 안내를 해주었다. 카페에서 나가 왼쪽으로 한 블록을 걸어가면 '목로주점 광장'이 있다고 했다. 노동자들의 삶을 비참과 추락으로 빠트렸던 블랙홀, 그 장소를 실제로 가본다니 묘한 감정이 일고 가슴이 설렌다. 카페에서 5분 거리였다. 자그마한 광장이 있고 '목로주점 광장'이라고 쓰여있다.

'Assommoir(목로주점)'라는 원어로 쓰인 광장 이름을 보니 이 제목을 붙인 작가의 숨은 의도가 궁금해진다. 얼마나 다양한 의미를 담고 있는지 사전을 검색해봤다. 명사 'Assommoir'는 '①도살용 도끼, 곤봉 ②선술집, 목로주점 ③함정, 덫'으로, 동사 'Assommer'는 '①타살하다, ②몹시 때리다, ③죽이다'의 뜻으로 나와 있다.

소설 전체 내용을 보면 명사와 동사의 뜻을 다 내포하고 있는 듯하다. '노동자들이 퇴근 후 낮의 고단함을 잊기 위해 선술집으로 모인다. 주거니 받거니 하다가 흥건히 만취해 제정신을 잃고 서로 시비를 하다가

15

구트도르 goutte d'or (황금빛 영롱한 길)

목로주점 광장

주먹다짐을 한다. 도살용 도끼, 곤봉 등으로 상대를 죽일 정도로 몹시 때려 타살까지 하게 된다. 선술집은 곧 파멸의 덫이 된다'는, 단어의 의미로 보아 일가족의 몰락을 암시하고 있다.

이 소설의 번역가인 박명숙 작가는 그의 해설에서 "낭만성 뒤에 숨겨진 삶의 아이러니와 이중성을 드러내기 위함이었다. (…) 'Assommoir'라는 원제의 다중적인 의미와 작가의 의도를 한마디로 옮긴다는 것은 불가능에 가깝다. (…) 작가는 다의적이고 은유적인 단어를 소설 제목으로 사용함으로써 그 단어에 역동적이고 변화무쌍한 생명을 부여했다."라고 했다. 공감이 간다.

'목로주점 광장'을 돌아보고 제르베즈가 일했던 세탁소를 찾아보기 위해 '구트도르' 거리를 끝에서 끝까지 거닐었다. 소설 속에 정확한 주소를 언급하지 않아 대충 짐작만 할 뿐이다. 아마도 지금 빨래방으로 이용하고 있는 건물인가 싶어 그 주변을 기웃거렸다. 단어가 주는 의미를 새기며 실제 배경지를 찾는 즐거움은 독서로 얻는 기쁨 못지않게 크다.

조금 전에 보았던 '빨래방'과 《목로주점》은 소설의 상징성으로 본다면 공간상 대척점에 있다. 하루하루 열심히 살아가는 한 가족의 일터인 '세탁소', 알코올로 인해 노동자들을 서서히 파멸시키는 '꼴롱보 영감의 선술집'! 작가가 이 두 곳을 대비하며 쓴 것은 독자에게 당시 시대상의 모습을 더 쉽게 이해할 수 있게 한 장치로 보인다. 줄거리를 말하려니 처참한 상황들이 줄줄이 이어 나와 착잡한 심정이 앞서기도 한다.

'용기 있고, 성실하게 살아가는 22세의 제르베즈가 세탁소에서 일하며 생계를 위해 애쓰는 반면, 첫 번째 동거남인 랑티에는 게으르고 일자리 찾는다는 핑계로 일주일 내내 외박하고 무도회에 드나든다. 허망한 야심과 허세로 가득한, 부유한 가문의 남자 흉내를 내고 창녀와 놀아나는 무책임한 남자다. 두 아이와 부인을 버리고 도망간 랑티에를 보며 제르베즈에게 연민을 느낀 두 번째 남자인 쿠포와 정식으로 결혼한다. 딸 하나를 얻은 기쁨도 잠시, 쿠포 또한 서서히 알코올중독이 되어 인간이기를 포기한 행태를 보여주는 그야말로 '인간 짐승'에 가까운 남편으로 남는다. 날이 갈수록 생활이 나아지기는커녕 사회의 밑바닥으로 떨어지고, 알코올로 인한 남편의 추락과 동시에 가정은 해체되고 먹을 게 없어 배고픔과 추위로 결국 노상 어딘가에서 주검으로 발견된 제르베즈의 기구한 운명' 이야기다.

착실하고 술 안 먹던 남편 쿠포가 사고 후, 술로 세월을 보내고 꼴롱보 영감의 주점에서 술꾼들과 어울려 마시고 있는 남편의 모습을 훔쳐보며 제르베즈가 "독주는 해악일 뿐이었다. 노동자들에게 일할 의욕을 앗아가는 독과도 같은 것"《목로주점 1》위의 책, p.306)이라 했다.

그리고 "내 꿈은 별 탈 없이 일하면서 언제나 배불리 빵을 먹고 지친 몸을 누일 깨끗한 방 한 칸을 갖는 게 전부랍니다. (…) 내 아이들을 제대로 키울 수만 있다면, 그래서 좋은 시민으로 만들 수 있다면 말이죠. 그리고 맞지 않고 사는 거예요."《목로주점 1》위의 책, pp. 71~72)라고 한 말을 보면, 마치 자신의 미래에 독이 서서히 스며들어 퀴퀴하고 축축한 냄새, 해묵은 먼지와 더러운 것에서 나오는 역한 냄새가 나는 사각지대를 벗어나려는 소박한 꿈은 물거품이 될 것이라고 예감이라도 한 것일까.

게다가 다반사의 가정폭력, 맞고 사는 여자들, 남편에게 맞아 죽는 아내들을 보며 그녀는 불안한 감정을 떨칠 수 없었으리라.

세탁부 비자르 부인이 남편에게 맞고 있는 장면을 목격한 후, 길 건너에서 몸을 가누지 못하고 흥건히 취한 주정뱅이 남편을 보고 그때 자신이 예견한 미래에 슬픈 확신이라도 한 듯 "자신은 결코 행복해질 수 없으리라는 절망감을 느낀다."《목로주점 1》위의 책, p.310) "아! 세상에는 마치 고통받기 위해 태어난 사람들이 있는 것 같아요"(에밀 졸라, 박명숙 역, 《목로주점 2》, 문학동네, 2023, p.39)라고, 빈곤의 흔적, 회한에서 오는 절망을 겹쳐 말하고 있다.

비참한 최후의 결과를 가져올 절망적 어둠 속에서 빠져나오지 못하고 가난, 불행한 결혼생활, 비참의 연속 등 몸 하나 누일 방 한 칸, 배고픔을 채울 최소의 빵을 얻지 못했던 그녀다. 죽도록 일했으나 주변 상황과 냉혹한 현실로 그녀 또한 스스로 타락을 선택했던 그 현장에 서서 아이러니한 주인공의 이중 고통을 지금, 나는 어떻게 이해해야 할지 시선 둘 곳이 없다.

그냥 멍하니 그녀의 절망만 상상할 뿐, 왠지 나도 카페 창밖을 보며 그녀의 절망을 외면하지만 않았을 뿐, 그녀의 세탁소 방의 크기가 늘어날 때까지 그녀의 울부짖음을 듣기만 할 뿐, 삶의 깊은 그늘에서 빠져나오도록 도와주지 못했을 것 같다. 그녀가 일했다고 추정하는 이곳을 쓸쓸한 심정으로 바라볼 뿐이다. 18, 19, 20구가 파리 다른 구와는 완전히 별개의 모습이다. 예전엔 이 세 구역은 위험지역이라는 선입견이 있어 선뜻 나서질 못했는데 그래도 이번 파리 여행에선 여행 짝지와 함께 문학과 예술의 성지 같은 이 구역들을 구석구석 누볐다. 당시 하층민의 삶, 특히 여성 노동자, 민중 이야기의 민낯을 보여준 장소라 눈을 더 크게 뜨기는 했다. '19세기 문학의 거장', 그리고 그의 민중 소설! 그 훌륭함과 용기에 숙연해지며 고개를 숙인다.

3. 사회의 연대책임

민중의 민낯을 끄집어내는 이야기를 금기시했던 시대였지만 《목로주점》이 '파리 노동자, 하층민들의 서사시'로 평가된 데는 이유가 있을 터, 작가가 굳이 그들의 적나라한 삶을 충격적 묘사까지 하며 작품을 쓴 연유가 분명히 있을 게다. 제르베즈는 네 식구가 몸을 누일 방 한 칸을 마련하는 게 인생의 목표였지만 여주인공의 삶은 차갑고 혹독한 현실로 응답했다.

세탁소를 직접 차려 새벽 3시까지 일한 삶의 진중함도 비참이라는 독의 무게를 버티지 못하고 결국 스스로 파멸의 길을 선택하게 한 제르베즈의 운명, 어느 누구와 살아도 운명론적으로 파멸된다는 것을 전제해서 소설을 쓴 것 같이 처절한 삶을 피할 수 없는 그녀의 운명인가.

"무엇보다 슬픈 것은 애정이며 여타의 감정이 카나리아처럼 새장 밖으로 날아가 버렸다는 사실이다."《목로주점 2》위의 책, p.155) 결국, 쿠포와 제르베즈 그리고 그의 딸 나나, 셋은 서로 날을 세우며 증오의 눈빛으로 할퀴고 물어뜯으며 가족의 근본 원동력을 망가뜨렸다. 동거남 랑티에와 현 남편 쿠포의 알코올중독에 진저리를 내면서도 세탁소 사업이 망하자 그녀 자신도 알코올의 덫에 빨려들어 그 덫에서 빠져나오지 못하고 비참한 죽음을 맞다니 비참한 애도를 하지 않을 수 없다.

인간의 존엄마저 놓아버리고 삶을 무능화, 무력화, 무효화, 무결과, 무가치하게 만든 작중인물들의 '무'를 작가의 붓끝은 오롯이 '유'화하고 싶은 것으로 읽힌다. 작가의 숨은 의도는 그들 스스로 해결하지 못하고 사회가 나서야 한다는 것을, 즉 사회적 연대책임을 알리고 싶은 것이리라. 사각지대의 늪에서 허우적댈 수밖에 없는 사회적 냉대를 글자로 요구하지 않았나 싶다. 그리고 인간에 대한 연민, 인간성 회복을 위해서도 눈 감지 않고 세상을 향해 문학으로 고발한 점에 경의를 표하지 않을 수 없다. 시대의 영웅 이야기가 아니라 열악한 환경, 소외된 환경의 삶, 출구가 없는 19세기 파리의 비참한 노동자, 민중의 삶을 디테일하게 묘사한 민중 소설의 걸작임에 엄지를 치켜올린다. 소설에 나오는 거리들, 로슈아르 거리, 포부르 푸와소니에르 거리, 샤르보니에르 거리, 뇌브 드라 구트도르 거리, 샤펠 가 등이 과거엔 음습함, 쓰레기, 외지고 어두컴컴함, 나태, 빈곤, 불결함의 거리였겠다, 하고 내가 한 걸음 옮길 때마다 기존의 의미 그 이상이 있으리라 여기니 발이 움찔 뭔가를 말하는 것 같다. 노동자들(금속 연마공, 여성용 모자 제조공, 조화 직공 등)의 하루 평균 임금 5프랑이 지금 커피 한 잔 값이 되겠지만 당시의 가난, 술, 가정폭력, 한 인간의 운명적 비참이 들어 있는 무한의 값을 치른 가격이라 생각된다. 그들의 가난과 비참에 동참해야 할 의무감에 등짝이 서늘하다.

7월인데도 암울한 빈곤과 방안의 냉기를 뿜어내는 음산한 모습을 상상하니 한겨울의 삭풍이 곧 불어올 것 같기도 하다. 작은 불씨 같은 희망이 보이지 않으면 가족 모두가 돈을 모으기보다 낭비하면서 스스로

메당 에밀 졸라 집

'나는 고발한다'를 발표하고 생을 마감한 집

삶을 더욱 진창으로 몰아가겠다는 끔찍한 함정도 스멀거린다.

　명작이란, 시대를 초월한다. 오늘날 전 세계의 취약층과 노동자들의 불공평한 대우들, 그들의 존엄한 인간성을 되돌려주고자 하는 작가의 노력과 처절한 고발로 고전의 위대함을 다시 한번 환기한다. 작가의 글 힘을 되돌려받는 느낌이 든다.

　에밀 졸라는 《목로주점》의 성공으로 돈도 많이 벌어 파리 근교 메당 Médan이라는 곳에 멋진 집을 샀다는 이야기도 작품의 유명세만큼 유명하다. 소설 배경지를 둘러보고 35일 후, 렌트카로 메당에 있는 에밀 졸라의 집(현 박물관)에 가보았다. '드레퓌스 박물관'과 '에밀 졸라 박물관'이 나란히 한 공간에 있다.

　1878년, 38세 나이에 이 집을 샀다고 하니 대지의 넓이만큼이나 성공을 짐작할 만하다. 그리고 11년 후, 파리 9구역 'Rue de Bruxelles 21번지'로 거처를 옮겼다. 1898년 드레퓌스 사건의 불의를 고발하기 위해 썼던, 〈나는 고발한다(J'accuse)〉도 이 집에서 발표했지만 정치적 사건에 휘말리다 1902년 이 집에서 의문의 죽음으로 생을 마감한다.

　글의 힘으로 사회를 바로잡고 연대책임에 대한 사회적 인식을 심어주며 노동자들을 대변하였다. 노동자 보호를 위한 노동법이 생기게 된 근간에는 이 작가의 영향도 크지 않았나 싶다. 투쟁적 삶의 마침표를 찍고 이제 파리 팡테옹 신전에 고요히 잠들어있다. 죽은 자는 말이 없다. 그 이후에 사회적 공평성을 논하고 기울어진 땅을 바로 잡는 것은 후세의 몫이다. 노동자로서의 '민중'이라는 말이 피지배 계급이 아닌 사회의 주역, 역사의 주인으로서의 '민중'으로 거듭나게 시민 정신이 활발해지면 좋겠다는 생각을 가진다.

메당 마을로 흐르는 센강 물줄기는 사회적 분위기를 아는 듯 모르는 듯 침묵한다. 아직도 유유히 흐르고 있다.

노르망디 퀴베르빌Cuverville을 찾아서

― 앙드레 지드André Gide의 《좁은문》

앙드레 지드, 조정훈 역,
《좁은문》, 더 클래식, 2020

    동네를 서성이나 집은 보이지 않고 동네 가운데 외딴섬 같은 형체만 저 멀리 아득하다. 불 켜진 집들 사이에서 꽃잎 흩날리듯 불빛은 허공으로 퍼진다. 울창한 가로수는 새파란 하늘에 닿을 듯 위로 뻗었으나 갈팡질팡 잦아든 바람에 떨어지는 나뭇잎은 마음의 무게를 쌓는다.
    억압과 강요, 숨 쉴 수 없을 만큼 엄격한 종교적 분위기에서 숨구멍을 찾으러 나서던 한 작가가 겹친다. 요즘 관점에서 보면 말도 안 될뿐더러 인권을 내세우며 정신적 폭력이라고 단정 지을 수도 있겠다. 종교의 엄격함과 개인의 자유 사이에서의 갈등으로 비롯된 성장 과정 탓인지 거의 모든 작품에서 종교와 도덕 문제를 천착한 작가, 20세기 프랑스 소설가 앙드레 지드André Gide(1869~1951)가 있다. 그중 《좁은문》을 통해 영혼의 정결과 금욕주의와 맞서 어떻게 부딪히며 자전적 작품 속에서 그의 고뇌가 얼마만큼 깊고 섬세한지를 탐독해 보고자 한다.

1. 종교와 유년의 기억

앙드레 지드는 《좁은문》을 쓰기 위해 구상의 기간이 길었다고 한다. 내가 지금 찾아가는 집에서 집필하지는 않았으나 프랑스에 왔으니 그의 문학적 발자취를 따라 '파리의 집'과 청소년기를 많이 보낸 노르망디 지역 '퀴베르빌Cuverville 집'을 차례로 가보려 한다.

말년에 살았다는 파리의 집, 어느 구에서 살았고 주변 환경이 어땠을지 궁금하다. 파리에 머무는 동안, 학창시절 읽었던 앙드레 지드의 《좁은문》을 다시 곱씹어보기 위해 책을 들고 왔다. 문학적 혼이 남아있을 거라 상상하며 그가 인생 후반부 25년간 살았던 집 '파리 7구 Vaneau가 1번지'를 찾아 나선다. 숙소에서 지하철 8호선을 타고 '앵발리드역'에 내린다. 로댕 박물관을 지나 조금만 더 걸어가니 그가 생을 마쳤던 집 주소에 현판이 붙어있다. 얼마나 반가운지 마치 작가를 만난 것처럼 기뻤다. 어린 시절이 아

파리 7구 Vaneau가 1번지

닌 말년의 집이라도 왠지 갇힌 마음을 열어줄 불빛 하나를 켜놓고 싶어진다.

"종교는 나의 유년의 기억에 자기혐오와 죄의식만을 남겼다."라고 반발하며 불행을 토로했던 앙드레 지드는 어떤 사람일까. 1869년 파리에서 태어나 유복한 가정에서 자랐으나 아버지를 일찍 여의고 엄격한 종교관을 갖고 있던 어머니 밑에서 자란다. 외가가 있는 노르망디, 퀴베르빌Cuverville을 오가는 중 13세 외사촌 누이의 고통을 알고 연민을 느끼며 사랑에 빠지게 된다. 자전적 소설《좁은문》이 탄생하게 된 도화선이다.

《지상의 양식(1897)》을 비롯해,《배덕자(1902)》,《돌아온 탕아(1907)》,《좁은문(1909)》,《전원 교향악(1919)》등 구속적 삶을 벗어나 본능과 욕망, 쾌락을 옹호하는 듯하고 젊은이들을 타락시킨다는 인상을 주는 글을 연이어 발표하여 많은 비난을 받기도 하였으나 그의 문학적 통찰은 갈수록 깊어진다.《좁은문》에선 특히 '종교가 지닌 인간의 위선으로 인해 인간의 내적 탐구를 비극적 측면에서 정교하고 아름답게 심리를 묘사했다'고 할 수 있다. 번역가 김화영은 소설 속 주인공들을 통해 앙드레 지드는 "순수함의 지향과 관능적 천성 사이에서 흔들리고 고뇌하는 인간 본성의 모습을 생생하게 담아냈다."라고 말한다. 그리고 "가장 적게 말하면서 가장 많은 것을 표현하는 기술로 간결하고 꾸밈없이 표현했다."(다음백과)는 평을 받는다. '신의 존재와 인간 욕망의 본질'에 대한 적나라한 탐구로 많은 비난의 행위에도 불구하고 2차 대전 후 독일, 미국, 프랑스 등에서 가장 명망 있는 작가로 뽑혔으며 1947년 노벨문학상을 수상했다.《좁은문》은 순결과 성스러움의 화신 같은 알리사와 그의 사촌 제롬과의 사랑 이야기로 지나친 금욕주의에 반한 작가의 종교적 회의를 그려낸 작품이다.

2. 종교의 회의와 인간의 위선

어머니의 종교관과 부딪히고 갈등을 겪으면서 어린 시절 조숙한 아이가 된 것이 작가로 들어서게 하는 토양이 되지 않았나 싶다. 종교와 비종교, 도덕과 위선, 기만과 인간의 자유, 통제 등의 단어는 지드가 평생을 고민하고 작품 속 근원적인 화두로 삼았으며 21세기 독자에게도 고찰해볼 문제를 제시해 주었다.

이 소설의 제목 《좁은문》은 "좁은문으로 들어가기를 힘쓰라. 크고 넓은 길은 멸망으로 인도하나니 그리로 가는 자가 많음이라. 하지만 생명으로 인도하는 문과 길은 좁으니 그것을 찾는 자가 적음이라"라는 마태복음 7장 13~14절에서 따온 것이다. 제목이 주는 선입견에 의해 단순히 종교적인 글로 단정 짓기 쉬우나 큰 맥락으로 보면 '종교와 인간의 위선이 낳은 비극'으로 인간의 내면을 깊이 들여다볼 수 있고 누구에게나 '길과 문'을 통해 '인간이 나아갈 길이 어느 길인지, 들어가고 나와야 할 문은 어떤 문인지?'를 깊게 천착한 작품이라 할 수 있다.

줄거리는 청교도 신앙관이 빚어낸 비극적인 사랑이다. 제롬과 사촌누이 알리사가 서로 사랑하지만 정신적 숭고함과 성스러움에 위배되는 사랑일까 봐 두려워한다. 알리사는 제롬에 대한 감정이 하느님 사랑을 위한 감정 절제와 신앙적 고귀함에 어긋날 수 있다는 생각에 제롬의 청혼을 거절한다. 영적 사랑을 중요시하는 가치관이 근저에 깔려있어 지상에서의 인간적 사랑보다 신의 은총, 영혼의 합일을 바라며 '좁은문'을 향해 나아간다. 인간을 사랑하면 하느님에 대한 사랑이 완성되지 않을 수 있다는 의식, 이것이 그녀가 스스로 행복을 거부하고 정신적 사랑이 정신을 강하게 하기보다 아이러니하게도 나약해진 정신 상태로 죽음을 맞이한다는 이야기다.

둘 사이의 이루지 못하는 비극의 원인은 주인공들의 내면 깊숙이 깔린 인간의 순수한 욕망과 종교의 충돌이다. 종교적 사랑에 대한 어긋난 관점, 영적 성장과 승화 과정의 미숙함 등이 아닐까 싶다. 소설 속에서 작가가 말하려는 것은 알리사를 내세워 근친 간의 사랑을 말하려는 것이 아니다. 이 부분은 당시 프랑스 사회에서 어느 정도 묵인되기도 한 영역이다. 금욕주의에 사로잡힌 알리사의 정신세계를 통해 작가는 자신의 성장 과정에서 완성된 종교관을 비판하려는 의도를 담았을 것이다.

"6월이 되면 뷔꼴랭 외삼촌 댁이 있는 르아브르 인근 퐁괴즈마르로 떠났다. 저택 정원과 숲으로 우거진 나무들은 예민한 나의 감성 세포를 일으켜 세우기에 족했다. 거기에 나보다 두 살 위인 사촌 알리사의 존재가 늘 내 감성을 건드리는 주된 인물이었다."라고 한 제롬은 슬픈 표정을 짓는 알리사의 슬픔이 어디서 오는지, 왜 번민이 가득한지, 그녀의 슬픔, 두려움과 죄악, 인생으로부터 그녀를 보호하는 것을 그의 유일한 목표로 삼겠다고 다짐하던 어느 날, 행실이 바르지 못한 외숙모가 집을 나갔다는 소식을 듣고 르아브르로 가서 일요일 《좁은문》에 대한 목사님 설교를 들었다고 한다. 제롬이 말씀을 듣는 순간, "알리사를 만나지 않고 빨리 알리사를 떠나는 것이 이 복음 말씀의 진리에 이를 수 있다는 생각을 했다"는 대목에서 작가는 소설의 화자 제롬을 통해 자신의 엄격한 종교관을 드러낸 것이라 할 수 있다.

《좁은문》에서 작가는 이 문제를 통렬히 비판한다. 인간이 자유와 인권을 제대로 누리지 못해 생기는 심리를 비극적 사랑으로 끌고 와 문학에 담는다. 자신이 사촌누이 마들렌과 결혼하였듯이 소설의 주인공인 화자 제롬과 외사촌 누이 알리사의 사랑을 자전적 소설로 풀어냈다고 할 수 있다.

　제롬의 친구, 아벨이 '사랑'을 모험과 유희, 쾌락으로 보는 반면에 알리사는 그런 아벨에게 속물적이고 경멸적 시선을 보낸다. 작가는 알리사의 비극적·파국적 사랑, 쓸쓸한 죽음을 종교적 관점으로 보여준다. 인간의 행복이 궁극에 가선 지상이 아닌 천국에서의 영원한 삶, 진정한 구원은 신의 명령, 신이 명하는 덕행을 이루는 것. 지상에서 누리는 행복은 천상의 '좁은 문'으로 들어가는데 방해가 된다며 인간적 모든 사랑을 거부한 것을 비판한다. '사람들이 적게 가는 좁은문'을 택하고, 넓은 문을 멸망으로 가는 문으로 여기는 알리사의 사랑관, 종교관을 어긋난 가치로 보며 알리사를 내세워 윤리, 도덕, 종교의 모순을 일깨운다. 그러면서 냉철한 시선과 함께 종교성에 치우친 알리사를 완전히 비하하지도 않으며 이중적 잣대를 보이기도 해 때론 독자를 당황하게 하기도 하지만《좁은문》의 해설자 조정훈 작가의 말을 빌리자면 '소설가의 노련한 글쓰기 전략의 하나로 해석하고 작가가 초지일관 신앙에 대해 조소와 풍자를 그리지 않고 주인공에 대해 동경, 안타까움, 연민도 독자가 느낄 수 있게끔 여백을 남긴 것'이라고 작가 편에서 말한 대목에서 수긍해야 할지 조금 의문이 남기도 한다.

3. 퀴베르빌Cuverville을 향해서

　나는 파리에서 앙드레 지드를 만나고 다시 책을 들고 노르망디로 떠났다. 소설 속에선 '퐁괴즈마르' 마을이 배경지이지만 실제 배경지는 노르망디 해변의 한 자락 '르아브르Le Havre'에서 20분 정도 거리의 작은 마을 '퀴베르빌Cuverville'이다.

소설 속 노르망디 르아브르 항구 근처에서 의사였던 아버지가 돌아가시고, 제롬이 열두 살 나이에 어머니와 파리로 이사한 후 파리와 퀴베르빌을 왔다 갔다 하며 살았다는 곳이다. 이때부터 제롬은 "억제란, 다른 이들의 충동 따르기만큼이나 자연스럽고, 미래를 위해 추구하는 것은 행복보다 행복을 얻기 위한 끊임없는 노력"이라고 하며, 14세 나이에 '행복과 미덕'을 혼동하고 있었다. 알리사에 연민과 사랑을 담아 성경 공부를 같이하면서 "내 정신적 길은 그녀에 의해 인도되고 있었다. 당시 우리가 이른바 '사색'이라 불렸던 것들은 사실 현학적인 영적 교류를 빙자하여 서로의 감정을 은폐하고 사랑을 포장하려는 구실에 불과했다."라고 했다.

그들 사랑의 순수함이 도덕과 종교에 얽매여가는 삶으로 변해가는 것을 진정한 하느님의 사랑으로 바꿀 수 있었을까, 생각하며 나는 친구와 함께 렌트카를 빌려 퀴베르빌로 향했다. 앙드레 지드의 외삼촌 집이 있는 곳이다. 구글 지도 보기를 잘하는 친구가 퀴베르빌 마을로 운전을 잘해줬다. 옛 동료 교사인 친구 또한 문학과 예술에 관심이 커 많은 책을 읽고 예술에 깊은 조예를 갖고 있어 대화가 잘 통한만큼 거기까지 가는 길에 걸림돌이 없었다.

Cuverville 팻말이 보이자 마을로 가는 길 양옆엔 황금빛 밀밭과 초록 들판이 끝없이 이어져 있고 작은 시골길은 울창한 나무가 숲 터널을 이루어 우리의 마을 입성을 열렬히 환영하는 듯했다. 제일 먼저 묘지가 있는 마을 성당과 시청 건물이 나란히 서 있는 곳에 멈췄다. 앙드레 지드와 그의 사촌누이 마들렌이 결혼식을 올렸던 두 곳이 바로 이곳이다. 차를 세우고 성당으로 들어갔다. 성당 문은 잠겼고 코너를 돌아 나오니 앙드레 지드와 부인이 나란히 잠들고 있는 묘지가 있었다. 묘지를 보니

젊었을 때의 작가와 만난 듯 묘한 기분이 들었다.

성당 안으로 들어가 보면 성경이 말해주는 "좁은문"의 의미가 더욱 와닿았을까. 외삼촌 댁의 저택 어느 한 곳 '좁은문'을 드나들며 알리사와 제롬의 사랑을 가로막은 문이 아직 있을까. 그들 사이의 먹구름같이 얽힌 감정의 벽이 오늘 날씨처럼 투명했더라면 좋았을 것을. 이 순간 하늘은 새파랗고 이방인을 기쁘게 맞아주며 뭉게구름을 보내어 손을 흔들고 있다. 작은 마을에 '앙드레 지드의 길' 표시는 한눈에 보이나 외삼촌의 집이었던 대저택에 대한 안내가 없다. 동네를 몇 바퀴 돌아도 찾지 못해 할 수 없이 마당에서 일하고 계시는 분의 집으로 들어가 물어보았

퀴베르빌Cuverville 가는 길

퀴베르빌 시청, 성당, 묘지, 앙드레 지드 길

다. 앙드레 지드의 마을이라 하는데 그 옛날 성 같은 대저택을 못 찾고 있다고 했다. 다행히 친절한 시골 인심을 선물하듯 우리가 있는 위치에서 직진하다 보면 좌측으로 들어가는 입구 표시가 세 개 있는데 네 번째 입구로 들어가면 그 집이 있다고 했다. 갈증을 해소하듯 직진하여 드디어 앙드레 지드의 집(외삼촌의 집)을 찾았다. 노벨문학상 수상자 저택

앙드레 지드 대저택   뒤뜰 정원

을 박물관으로 충분히 바꿀 만하나 파리가 아니라 그런가, 왠지 작가에 대한 허술한 대접이 느껴진다. 집 벽에는 Monument Historique(사적지)라고 적혀있다. 마당엔 관리인처럼 보이는 노인 한 분이 빗자루를 들고 있다. 얼른 가서 집 구경해도 되는지 물어봤다. 지금은 개인 사저라 입장이 불가지만 와서 보라고 흔쾌히 허락했다.

뒤뜰로 들어가니 세월의 두께를 말해주듯 아름드리 굵은 나무들이 여기저기 위엄을 뽐낸다. 소설 속에 묘사되었던 '라일락, 금작화, 병꽃나무' 등이 어딘가 있으리라. 여기저기 핀 꽃들과 나뭇잎 사이로 산들바람이 살살 불어 프랑스와 한국, 과거와 현재, 책과 현실 사이의 막힘을 뚫어주듯 소통의 바람이 내 팔을 간질인다. 알리사와 제롬이 대화를 나누고 때론 침묵의 무게를 견뎌내고, 장난을 치고 책 이야기를 하던 장면을 겹쳐본다. 함께 있어서 느꼈던 충족감도 함께 충족되어 불안해했던 감정도 다 이곳에서 일어나지 않았던가. 서로 주고받았던 숱한 편지들은 어디 있을까.

작가는 이곳을 오가며 얼마나 많은 글을 썼을까. 정원 한가운데 작가를 불러오고 내 문학의 시선을 초록으로 물들인다. 정원의 초록공간이

나 나무둥치만큼 작가의 고뇌가 넓고 깊었으리라. 사랑하는 마음에 지친, 규율과 종교의 무게에 진솔함과 성찰에 무엇이 가치 있고 무용한지, 아파하고 슬퍼했던 것 등 모든 것이 사랑의 헌신으로 흐드러지게 핀 풀꽃들과 함께 글을 쓰게 만드는 분위기다.

대저택을 돌아 나오며 퐁괴즈마르, 원형 광장은 제롬이 알리사에 대한 마음을 쥘리에트에게 쏟아놓은 곳이고 둘이 한 애기를 알리사가 엿들은 곳이기도 하다. 바로 이곳이야, 하며 성당묘지를 둘러싼 원형 광장을 다시 둘러봤다.

소설의 중요 장소가 또 하나 남았다. 제롬이 방학이 되어 르아브르에 간 어느 날 청혼을 했으나 청혼도 약혼도 알리사에겐 형식이 주는 불편함으로 여기자 불안한 제롬이 고뇌 한가득 짊어지고 생따드레스Sainte Adresse 절벽까지 헤매며 걸어갔다던 그 거리를 찾아 구글 지도를 폈다. 쉽게 도착했다. 퓌베르빌 대저택에서 생따드레스 절벽까지 걸어오려면 적어도 대여섯 시간은 걸어야 할 것 같은데 그 거리와 시간 속에서 얼마나 애태웠을까. 동행한 친구와 함께 계산을 해보며 절벽에서 부는 산들바람 한 점과 바다 갈매기가 노래하는 절절함이 제롬의 심정에 가 닿도록 두 손을 모았다.

오로지 알리사를 향한 사랑만이 삶의 이유였던 제롬에겐 알리사의 동생 쥘리에트가 언니의 애인인 자신을 짝사랑하고 있다는 사실, 그리고 알리사가 동생을 위해 양보하며 결혼하지 않겠다는 그런 혼란도 다 가슴에 안고 파리로 돌아갔다는 사실도 겹친다. "이제 나는 현실적인 위로와 은혜, 완벽한 은총이 시작되는 주님께로 내 눈길을 돌렸다. 그리고 이 모든 고통을 하나님께 바치기로 했다. 알리사도 나처럼 하나님 곁으로 피신했을 거라는 생각이 들자 그녀 역시 기도하고 있을 거라는 생각

생따드레스 절벽

은 내 기도에 용기와 열정을 불어넣었다."(앙드레 지드, 조정훈 역, 《좁은문》, 더 클래식, 2020, p.94)라고 알리사의 영적 세계와 동의하면서도 알리사의 미온적 태도에 당황해하던, 두 사람 사이에서의 소통 부재에 현명하고 합리적인 대답을 누가 해줄 수 있을까. 시간이 갈수록 사랑의 감정이 긍정적으로 깊어지기보다 부정의 늪에 빠진 알리사의 말, "너에게 절망스럽게 고백하자면, 난 멀리 떨어져 있을 때 너를 더 사랑했던 것 같아. (…) 우리가 마음 놓고 다다를 수 있는 곳은 오직 하나님 곁밖엔 없어." (위의 책 pp. 129~130)

이렇듯 알리사의 사랑의 초점은 하느님에, 제롬은 어느 정도 인간적 사랑에 초점을 둬 말과 행동이 어긋나기만 한다. 둘 사이 대화가 무르익을 때쯤이면 알리사의 최후 언어의 수단은 하느님에게 귀결이고 성스러운 사랑에 방점을 찍는다. 알리사의 하느님 사랑에 대해, "미덕이라는 덫에 맞서 아무런 저항도 할 수 없는" 제롬, 그는 하느님 사랑과 알리사와의 사랑을 분리하지 않았다. 어찌 보면 제롬에겐 알리사의 하느님 사랑이 함정일지도 모른다. 하지만 맹목적이었던 그의 사랑은 결국, 알리사로부터 "신성함은 선택이 아닌 의무"라는 말을 듣게 된다. 그녀를 대할 때면 '애정 표현'보다 서로 '예의'를 갖추는 게 아닐까, 의구심을 갖게

생따드레스에 있는 등대

되었다는 말에 공감이 간다. '정결, 사색적 우아함, 파스칼 심취'에 날이 갈수록 멀어져가는 알리사를 보는 것이 제롬에겐 고통이었다던 그 절벽을 등 뒤로 하고 작별 인사를 했다.

생따드레스 절벽에는 빨간 모자를 쓴 하얀 등대가 있다. 학창 시절 기억 한 켠 무심히 지나갈까 봐 지키는 듯 마음의 불을 켜준다. '넓은 문으로 들어갈 것인지', '좁은 문을 선택할 것인지', '네 삶의 좁은 문은 무슨 의미인지?', '수도자와 성직자의 하느님과 알리사의 하느님은 다를까?' 등 나에게 질문을 던진다. 하느님 사랑을 위해 '완덕'으로 나아가는 길은 꼭 인간적으로 사랑하던 대상을 없애야만 이루어질 수 있을까. 신앙인으로서 나의 하느님은 어떤 분이신가, 영적 성숙에 한걸음 발돋움하는 계기로 만들면 좋겠다는 생각을 해보며 이곳을 떠난다.

7월의 뀌베르빌, 생따드레스 절벽에는 아직도 갈매기가 하늘을 선회하며 낮은 울음으로 끼륵, 소리를 낸다. 절벽 아래 파도는 하얀 이를 드러내며 가볍게 찰싹거린다. 나의 노마드적 기행을 이곳 한 자락에 끼워 넣는다.

타락한 사회, 버려진 아버지의 초상

– 오노레 드 발자크Honoré de Balzac의 《고리오 영감》

오노레 드 발자크, 박영근 역,
《고리오 영감》, 민음사, 2023

 '맹목적 집착, 어긋난 자식 사랑, 희생, 버림받음' 등의 단어를 조합해 보며 부모의 의무가 어디까지이길래 이토록 비참한 삶을 살아야 하는가, 생각해본다. 프랑스의 천재작가 오노레 드 발자크Honoré de Balzac 소설, 《고리오 영감》의 줄거리를 뒷받침해 주는 중심 단어들이다.
 온갖 정성을 다하고 모든 걸 내어주는 아버지의 행위를 선행이라 하고, 받는 것을 당연히 여기고 무례함을 일삼는 딸들의 행동을 악행이라고 한다면, 선행과 악행의 뒤섞임이 풀어나가는 모순적 삶의 행태를 느낄 수 있는 이야기다. 부모가 부모 역할에 구심점을 잃는 경우가 있으니 진정한 역할이 무엇인지를 생각해볼 여지가 많은 소설이다. 우리 아이를 최고로 만들기 위해 사교육 시장에 아낌없이 돈을 쏟아붓고 경쟁 사회의 그늘에서 아이의 진정한 행복과는 거리가 먼, 어긋난 사랑을 한 그런 부모는 없을까. 비난의 대상은 무엇이며, 주인공들의 지향점이 무엇일까. 19세기 프랑스 사회와 인간의 본성을 사실적으로 그려낸 작품이라 시사하는 바가 크다.

파리 지하철 '바벵'역에 있는 발자크 동상

라틴 구역, 판테온 신전 옆길로 걸어 내려오면서 이 근처 생트 주느비에브 거리에서 '보케르' 아주머니가 하숙집을 경영했던 곳이지, 하며 머릿속에서 소설을 꺼내 본다. 뤽상부르 공원을 가로질러 파리 14구 라스파이Raspail 거리, 발자크 동상이 있는 지하철 바벵Vavin역까지 걸어왔다.

파란만장한 삶을 산 자의 흔적이 고스란히 배어있고 빚에 쪼들린, 일그러진 낯빛이다. 동상 반대편에 있는 카페에 앉아 그를 계속 바라본다. 밤새 15시간 글을 쓴 후 퀭한 눈빛을 하고 있다. 아침이지만 잠옷을 입고 막 잠자리에 들려 하는 모습이 겹친다. 왜 그는 밤낮을 바꾸고 커피에 의존하며 스스로 글 노동을 자처했을까.

1. 노동자, 놀이가 없는 감정 노동자

발자크는 1799년 프랑스 북서쪽의 소도시, 뚜르의 중산층 가정에서 태어났다. 어머니의 별난 성격 탓으로 유모의 손에서 자랐다. 어린 시절 자식에 대한 어머니의 굴절된 태도가 평생 모성애 결핍으로 이어졌다. 51세로 생을 마감했으나 수많은 작품을 남겼다. 《인간희극》, 《외제니 그랑데》, 《고리오 영감》 등 약 100여 권의 작품을 쓴 다작의 작가, '인물 재등장' 기법을 최초로 시도한 작가이다.

"수많은 결함을 포함하면서도 이 위대한 예술가 앞에 서면 무어라 해야 할지 모르는 당황함과 무력감을 느끼게 만드는 모순이야말로 발자크의 위대성이다. 그가 이 예술 작품을 만들어내기 위해 바친 엄청난 노동과 타고난 강철같은 건강마저도 해친 그 집중력 앞에서 그의 삶의 온갖 어리석음을 유쾌하게 비웃던 웃음이 입가에서 싹 사라지는 것을 느끼게 된다."라고 《발자크 평전》을 쓴 작가 슈테판 츠바이크의 '결함 있는 위대성'을 평가한 대목이다.

"발자크는 자신의 작품 전체를 사회를 이해하는 도구로 삼고자 했고 철학적 사변이 두드러지는 풍자적이며 사실주의적인 그의 저서들은 오늘날 그를 대문호의 반열에 올려놓았다."라고 '나무위키'에서 밝혔듯이 사실주의 문학의 대가로 프랑스와 세계 문학사에 위대한 업적을 남겼다. 그러나 한 인간에게 장단점이 있듯이 불완전한 인간으로서의 발자크도 그 한계에서 벗어나지 못했다. 부정적인 요소가 많은데 그것이 부정적으로 끝나지 않고 긍정으로 환치해 놓은 그는 모순적 스펙터클을 원고지 위에 그린 아주 특별난 작가다.

발자크의 삶은 노동자의 삶 그 자체다. 노동만 있고 놀이는 없다. '노동, 감정 노동, 과잉노동, 잉여 인간'이라는 말이 이 작가에게 늘 따라붙는다. 지나친 노동이 안쓰러우나 그것은 삶의 이유이고 방식이며 그것으로부터 창작의 열정을 얻는다는 발자크!

돈을 벌기 위해, 빚을 갚기 위해 스스로 만들어내는 노동, 후일 커피 중독이 사망 원인이지만 커피의 힘으로 하루에 14시간이나 15시간 글 노동을 한 작가. '노동에 도취→짧은 순간 휴식→또다시 노동 감옥'으로 되돌아가는 일상을 죽기 전까지 이어갔다. 이런 쳇바퀴를 사랑한 작가다. 공장에서 소설을 찍어내듯 썼다고 '소설공장'이라는 말까지 있으니 발자크가 '매일 노동이라는 돌을 굴려 올리는 모습을 상상해보면 시시포스의 바위와 오버랩되는 것'은 당연할지도 모르겠다.

"위대한 몽상가이면서 확고한 현실주의자. 그의 생의 계획에는 처음부터 '여자와 재산'이 들어있었고 한스카 부인을 향한 그의 정열에서도 그녀가 바로 귀족 여인이자 백만장자인 한스카 부인이라는 사실보다 그를 더 확고하게 사로잡은 것은 없었다."라고 슈테판 츠바이크가 말한 것을 보면 확실히 집필 동기가 빚 청산과 귀족 여인에게 구애를 위한 속물근성(?)에서 비롯되었다는 것을 완전히 부정할 수는 없다. 대문호의 글쓰기 원동력이 빚을 청산하기 위한 것이라면 말이 안 되겠지만 사실이다.

스무 살 나이에 첫 작품 《크롬웰》을 발표했으나 크게 시선을 끌지 못한다. 출판 사업 시작, 출판사 투자 실패, 인쇄소 인수, 인쇄소 붕괴, 활자 제조업 시작, 활자 제조업 청산 등 돈을 좇아 일확천금을 노리나 허황한 꿈이 남긴 것이라곤 엄청난 빚뿐이다. 또다시 감정 노동자의 삶으로 복귀하며 소설공장을 가동한다.

돈에 쫓겨 글을 쓰더라도 갈수록 세상에 주목받고 최고의 작가라는 인식을 심어준 게 신기하며 작품활동 후반, 창작이 무르익을 즈음에 쓴 《고리오 영감》은 당시 19세기 프랑스 사회를 사실적으로 깊이 있게 다루었다는 점을 높이 기리어 명실상부 '최고의 사실주의 문학'이라는 평가를 받았다.

시대를 앞서 예견한 천재였으나 비운의 삶을 산 작가로 초창기나 원숙기나 삶의 방식은 여전했고 그의 문학적 천재성 발휘도 변함이 없었다. '창작→속물근성→사업 실패→공상→다시 창작→속물근성 확대→더 커지는 실패 규모→공상에 환상 추가 →더 커지는 창작 의욕'의 고리로 고통이 더할수록 창작 욕구가 늘어난다. 즉 사업 실패가 창작으로 이어지는 글쓰기의 진정한 원동력임을 확인할 수 있다.

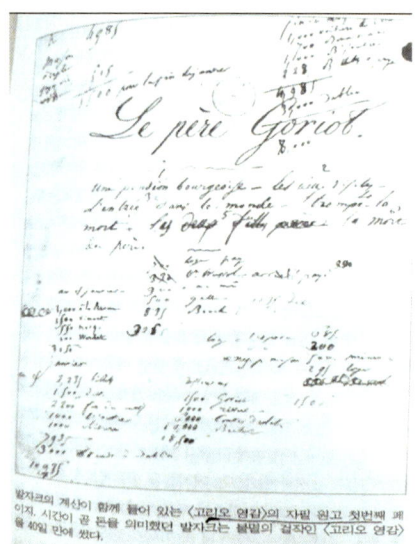

《고리오 영감》 자필 원고 첫 페이지

2. 타락한 사회에 울리는 경종

나는 발자크 동상을 뒤로하고 카페를 떠나 파리 지하철 6호선을 타고 파씨Passy역에 내려 '발자크의 집La maison de Balzac'이라는 박물관을 찾아간다. '16구, Rue Raynouard 47번지' 주소를 들고 단번에 찾았다. 조금 높은 곳에 있어 그런지 에펠탑이 한눈에 들어온다. 박물관 한 코너의 벽 사방에서 전 세계 대문호들이 발자크에게 보낸 짧은 메시지들을 볼 수 있다.

천재들은 천재를 알아본다고 해야 할까. 당대 위대한 천재들의 찬사가 그득하다. 릴케, 조르주 상드, 플로베르, 도스토옙스키, 오스카 와일드, 마르셀 프루스트, 앙드레 지드, 빅토르 위고 등이 적어놓은 문구에 감동이 뭉클했다. 오스카 와일드의 "우리가 알다시피, 19세기는 대부분 발자크의 발명품이다."라고 한 말은 유명하다.

세계 대문호들의 메시지

　그가 사용한 커피 기구도 눈에 띈다. 《고리오 영감》을 쓰면서 커피를 몇 잔 마셨을까, 궁금하다. 하루 50잔을 마셨다고들 하나 그건 물리적으로 불가능해 대략 하루 15잔으로 추정해본다. 40일간 600잔을 마시고 《고리오 영감》을 끝냈으리라 생각하니, 마음 한 켠이 아릿하다.

커피 기구

　'파리의 허름한 뒷골목 하숙집에 고리오 영감을 비롯해 여러 하층민이 살고 있다. 평생 두 딸의 행복이 삶의 목표인 아버지, 모든 것을 다 내어주고 난 뒤 노년에 두 딸에게 외면당하고 배신당한 아버지, 어긋난 부성애를 갖고 있던 고리오 영감이 중심인물이다. 딸이라는 이유로 유산을 받지 못하고 하숙집에서 가난하게 살아가는 빅토린, 빅토린 오빠를 제거해줄 테니 외젠에게 빅토린을 유혹해 그녀와

발자크의 집

41

결혼하라고 부추기는 탈옥수 보트랭, 하숙집 주인 보케르 아주머니 등 12명 하숙인의 삶이 펼쳐진다. 진짜 주인공은 시골에서 막 상경한 법학도인 외젠 라스티냐크다. 법조인으로 성공하기보다 귀족 부인을 애인으로 두는 게 더 빠를 것이라는 생각으로 꽉 찬 야심가이다. 고리오 영감과 친하게 지내면서 귀족과 결혼한 그의 딸 나스타지를 사랑해 신분 상승으로 성공하려는 야망을 가진다. 그 과정에서 사회적 냉대를 직시하나 스스로 타락을 서슴지 않는다. 두 딸의 허영심을 채워주려 애쓰는 고리오 영감의 비참함을 보고 딸 대신 자신이 고리오 영감을 돌보며 마지막 장례까지 치른다. 상류층 사람들의 모순과 위선을 목격하고 사회와 인간의 비정함을 깨닫지만 야망과 현실 사이의 괴리로 갈등하는 그, 그가 본 당시 고리오 영감의 초상을 담은 이야기가 중심 줄거리다.

고리오 영감과 젊은 외젠과의 대화를 통해 발자크는 당시 타락해 가는 프랑스 사회를 꼬집고 비판한다. 발자크가 살았던 19세기 전반부의 프랑스 역사는 '대혁명(1789)- 나폴레옹 제1 제정(1804)- 왕정복고(1814)- 7월 혁명(1830)- 2월 혁명(1848)- 제2 제정(1852)' 등으로 이어지는 격동의 시대다. 여러 정치 체계가 혼란을 가져오고 황금만능주의가 만연해 있던 시기다.

그때, 작중 인물 고리오 영감 역시 온갖 수단을 동원해 돈을 긁어모은다. 돈을 모으는 목적은 두 딸의 행복이다. 딸들의 신분 상승을 위해 황금으로 귀족 집안과 결혼시키는 것은 물론 모든 것을 바치고 정작 자신은 허름한 하숙집에서 삶을 전전긍긍한다. 진정한 사랑과 가치관의 중요성보다 물질을 좇는 인간을, 권력과 신분 상승의 욕망에 집착하는 인간의 말로가 어떤지를 보여주며 경종을 울린다. 고상하고 낭만적이고 위대한 인간의 겉모습을 보여주는 대신 인간이 내재하고 있는 잔인

성, 추악한 면, 감추어진 내면의 폭력을 여과 없이 보여줘 사회에 던진 메시지가 크다.

> "이 아버지는 모든 것을 다 주어버렸어요. 그는 20년 동안 자신의 오장 육부와 사랑을 모두 바쳤고 모든 재산을 하루아침에 바쳐버렸어요. 딸들이 레몬을 꽉 짠 다음에 레몬 껍질을 길모퉁이에 던져버린 것이나 같아요."
> (오노레 드 발자크, 박영근 역, 《고리오 영감》, 민음사, 2023, p.121)

작중 인물 중 귀족인 랑제 부인이 한 말이다. 그녀 역시 그런 부모가 될까 두려움을 느끼며 당시 시대상을 꼬집은 말이 아닐까 싶다. 반면 딸들은 이러한 아버지를 부끄러워하고 아버지의 베풂이 고마움이 아니라 당연하며 아버지의 무조건적 사랑을 외면한다. 모든 것을 다 바쳐 자식을 상류층과 결혼시켰으나 돌아온 것은 자식 집에서 쫓겨난, 절망과 배신뿐이었다.

> "두 딸은 그를 자기들 집에 못 있게 했을 뿐만 아니라 찾아오지도 못하게 했다. 이 때문에 그는 절망한 나머지 이 하숙집에서 칩거하게 되었다."(위의 책, p.140)

고리오 영감의 자산을 사들인 뮈레 씨의 말이다. 짧은 두 줄에서 버려진 아버지의 초상이 그려진다. 어긋난 사랑, 돈과 맺는 딸들의 결혼, 돈과 딸들의 노예가 된 아버지의 최후의 모습, 허름한 작은 공간에서의 비참한 삶이다. 더 바보 같은 짓은 불행한 결혼생활을 하는 딸들의 행복을 위해 아버지는 애인까지 만들어주며 도덕도 법도 눈앞에서 멀어져 간다.

딸들의 성적 욕망 충족을 위해 애인 만들기까지 책임져주는 아버지는 이것이 자기의 행복이라 착각한다. 지나가는 사람들이 치장한 딸들을 보고 "참 아름다운 여자군." 하는 소리를 들으면 기쁘고 무도회에 나간 딸들을 새벽까지 기다리는 일도 허다하다. 이런 딸들을 청년 외젠에게 소개하며 딸의 애인이 되어줄 것을 권한다. 편집광적 집착을 사랑이라 표현할 수 있을까. "자기 딸을 사랑해줄 수 있는 사람이라면 그 남자의 구두를 닦아주고 심부름까지 해주겠다."라며 노예를 자처하는 아버지. 이것은 사랑이 아닌 심각한 정신적 질병에 속할 것 같은데, 이를 어떻게 받아들이고 비판해야 하나.

어긋나도 한참 어긋난 고리오 영감의 모순을 알면서도 상류층 진입을 위해 애를 쓰는 외젠 역시 정상 범주에 있는 사람은 아니다. 무감각해진 양심에 분별심이 없다. 고민과 갈등을 하나 그의 내밀한 시간은 내적 정화나 분별심을 가져다주지 않고 더 크게 어긋난 욕망에 불을 붙인다. 도덕이나 양심보다 분에 맞지 않는, 과도한 욕망이 외젠을 눈멀게 한다. 이 젊은이의 초상은 슬픈 자화상이 될지, 기쁜 자화상이 될지 시대의 자화상이 말해준다.

> "불안정한 처지 때문에 받는 괴로운 타격 아래에서도 그는 이런 생활이 주는 넘치는 향락을 단념할 수 없다고 느꼈다. (…) 겉으로는 아주 화려하지만 속은 양심의 가책 때문에 온통 좀 먹고 있었으며 그러한 삶의 덧없는 쾌락에 대한 죄과는 끝없는 고뇌로써 치러지는 것이었다. 자신이 택한 이 인생 속에서 그는 라브뤼예르의 '방심자'처럼 진흙 속에 만들어놓은 잠자리에서 뒹굴고 있었다. 그러나 역시 '방심자'처럼 아직은 자기 의복만을 망치고 있었다."(위의 책, p.234)

자신이 처한 환경에 영향을 받지 않겠다는 말로 들린다. 귀족부인과 혼인해 출세해야겠다는 공상이 현실 세계에서 차단되어 있어도 희미한 빛을 좇아 나아가는 공상에 저당 잡힌 사람의 변이다. 그럴수록 이 어리석은 행위는 범위가 커지고, 깊은 환상에 빠져 더욱 충동적으로 된다. 최초의 순수한 생각이 사라지고 빠르게 망상에 사로잡힌다. 사람을 지배하고 노예로 만든 돈의 화신, 모두가 돈의 노예가 되어 비참한 결과를 만드는데 앞장서고 고리오 영감의 무분별에 동참한다. 그러면서 "내가 내 재산을 간직하고 그 애들에게 주지 않았더라면 그 애들은 여기 와서 키스로 내 두 뺨을 핥을 텐데!"라고 하는 그의 슬픈 넋두리를 들어준다.

3. 말 말 말!

이 소설이 주는 메시지로 비참한 말년에 고리오 영감이 쏟아내는 말이 절정이다. 작중 인물을 통해 아주 세심하고 사실적으로 묘사한다. 한 시대를 아우르는 '통합적 판관처럼 날카로운 관찰자, 비판자'로 작가는 아버지의 무분별함을 차갑게 지적한다. "사랑하는 천사들아, 이게 무슨 일이냐. 너희들은 괴로울 때만 내 눈앞에 나타나는구나. 물론 그렇지. 너희들은 나를 사랑하지. 오너라. 여기 와서 하소연하렴! 내 가슴은 커서 무엇이든지 받아들일 수 있단다."라고 말하면서 부정과 긍정이 뒤섞인 불안한 심리와 함께 딸들에 대해 평가한다. 딸들의 외면에도 불구하고 딸들을 행복하게 해주지 못해 안달이다. 심지어 연금마저 다 내어줘 더 이상 돈이 없고 죽어가면서도 돈 없는 자신을 자책까지 한다.

"이제 나는 쓸모없는 놈이 되었군. 아버지 노릇도 못 하다니! 정말이야.

딸자식은 나를 필요로 하는데 나는 돈이 있어야 하는데! 나는 비참하게도 땡전 한 푼도 없군. (…) 나는 개만도 못한 놈이다."(위의 책, pp. 360~361)

희생을 하는 것이 아버지의 노릇이라 생각하는 고리오 영감. 딸들의 포옹과 감사의 말을 들을 수 있을까 해서 마지막까지 끈을 잡고 있으나 결과는 그 반대로 돌아온다. 무척 보고 싶은 딸들을 기다리나 오지 않자, "나는 그 애가 직접 오리라고 생각했는데. 그렇지만 잘못한 짓은 아니야. 왔더라면 병을 보고 걱정이나 하지."라며 딸의 입장을 대신 합리화까지 해준다.

"그 애들이 곧 올 거야. 내가 아픈 줄 알기만 하면 곧 뛰어올 거야. (…) 금실 박은 의상이 아름답던가? (…) 내 딸들이 이곳에 곧 오겠다고 얘기했지? 다시 한번 가 보아라. 내가 기분 나쁘게 생각하지 않는다고 얘기해라. 죽기 전에 한 번만 더 딸들을 만나서 키스하고 싶다고 얘기해. 이 얘기를 꼭 해야 해. 그러나 그 애들이 너무 놀라지 않게 해라."(위의 책, p.396)

심부름꾼을 시켜 딸들의 근황을 알아보나 결국 오지 않는 딸들인데도, 딸들의 손을 잡을 수 있다면 아픈 것이 다 나으리라, 또 자기가 회복해 돈이 필요한 딸들을 위해 일을 해야 하는데, 하고 중얼거린다. 이중적 자기 위안을 위한 장치일 뿐 진심은 아마 외젠에게 한 말일 게다.

①"여보게, 자네는 결혼하지 말게. 결코, 자식을 낳지 말게. 자넨 자식들에게 생명을 주지만, 그 애들은 자네에게 죽음을 줄 거야."(위의 책, p.399)
②"내가 딸애들을 지나치게 사랑했기 때문에 그 애들은 나를 사랑하지 못했어. (…) 그 애들이 나에게 정성을 기울였던 것, 그것은 다 내 재산 때

문이었어."(위의 책, pp. 400~401)

　③"나는 딸들을 너무 사랑했던 죗값을 톡톡히 다 치렀네. 딸들은 내 사랑을 원수로 갚았고 사형집행인들처럼 나를 불에 달군 쇠집게로 지졌네. 그런데! 아비들은 참 어리석기도 하지! 마치 도박꾼이 도박장에 다시 오듯이, 나는 그 애들을 사랑했으니 말일세."(위의 책, pp. 402~403)

　④"나는 너무도 어리석었네. (…) 아무도, 하나도 안 오는구나. 도대체 나는 개처럼 죽어야 한단 말인가? 이렇게 버림받는 게 보상이라니. (…) 밤마다 내 관에서 다시 일어나 내 딸년들을 저주하겠네."(위의 책, pp. 406~407)

　⑤"나는 그 애들을 못 보고 죽는구먼! 그 애들을! 나지야. 델핀아. 오너라 어서! 너희들 아비가 죽어…. (…) 그 애들을 못 보다니! 이게 바로 임종의 고통이구나!"(위의 책, p. 409)

　고리오 영감이 쏟아낸 말은 시대의 경계를 넘어 21세기 사회에서도 공감 가는 말이 많다. 고리오 영감처럼 어긋난 사랑은 아닐지라도 오늘날 '참된 아버지, 힘든 가장' 같은 단어에 스며든 무게 같은 것도 느껴진다. 아버지의 슬픈, 힘겨운 초상이 스친다.

　딸들은 아프다는 핑계와 남편 핑계를 대며 아버지의 임종을 지키지 않았다. 애타게 보고 싶어 하는 아버지의 소원을 들어주지 않고 배은망덕, 파렴치한 소행을 한 자식으로 끝을 맺었다. 청년 외젠이 모든 장례 절차를 치렀다. 19세기의 고려장 같은 결말이 씁쓸하다. 다른 곳에 버리고 오나, 찾아가지 않으나 둘 다 부모를 버리는 것은 마찬가지다. '발자크의 집' 박물관을 나와 정원 벤치에 자리 잡았다.

　발자크가 고리오 영감과 외젠의 입을 통해 부패한 사회에 경종을 울리고자 했던 것. 당대의 작가로 시대 정신에 철저하고 동시대인들에게

페르 라셰즈의 발자크 묘지

앙제의 발자크 공원

뚜르의 사셰성–발자크 박물관

관심을 기울였던 것과 21세기인 지금의 시대를 내다봤다는 시선이 놀랍기만 하다. 그럼에도 모든 문인에게 인정을 받은 것은 아니다. 당시 문인들의 호불호가 갈린다. '문학계의 나폴레옹(도르빌리)', '넘쳐흐르는 무한히 풍요로운 상상력과 셰익스피어 이후로 가장 풍부하고 강한 창조력을 가진 사람(호프만 슈탈)', '인간 사회에 대한 진정하고 완벽한 모습을 제시하는 진짜 사회학자(에밀 사르티에)' 등 발자크를 호평한 작가들이다. 반면 플로베르는 "무엇보다 얼간이처럼 무식하고 골수까지 촌놈이며 허리가 휠 정도로 사치에 빠진 작가"라고 혹평한다. 빛나는 두뇌만큼 그림자도 짙다. 명성과 세계사적 위대한 업적에도 양가적 평가를 비켜 갈 수 없나 보다.

빅토르 위고의 조사 또한 주목해볼 필요가 있다. "(…) 천재의 작별을 슬퍼합니다. (…) 이 천재는 우리 사이에서 위대한 사람에게 주어진 운명대로 태풍과 투쟁으로 가득한 삶을 살았습니다. 이제 그는 싸움과 증오를 넘어섰습니다. 무덤으로 들어간 날로 그는 명예 속으로 들어간 것입니다. (…)"

그는 파리 몽마르트르 언덕에 위치한 페르 라셰즈 묘지에 잠들어 있다. 프랑스 북서쪽 '앙제Angers' 도시, '발자크 공원'에도 그의 자취가 남아 있다. 이곳에서 쉬어가는 시민들은 그의 문학세계를 흡입하며 문학으로 휴식을 취하고 영육 간 삶의 균형을 맞추리라. 작가의 출생지 뚜르Tours에는 그의 사셰성이 있고 그의 이름을 붙인 '발자크 박물관'이 있다. 죽은 자는 말이 없으나 산자는 죽은 자에 대해 말을 한다. 작가의 삶의 흔적을 찾아다니며 작품 속 고리오 영감의 행동을 짚어보았다.

성인이 된 두 아이의 엄마인 나도 때론 불안감이 든다. 멀쩡히 잘살고 있고 걱정거리를 주지 않는데도 미리 염려할 때가 많다. '훌륭한' 부모는 아니고 '그냥' 부모인 것만으로 만족하며 부모인 것 자체로도 축복임을 느끼는 순간이다.

'그냥'이라는 단어가 《고리오 영감》 책에 닿아 21세기판 새로운 문장들로 거듭나기를 기대하며 두꺼운 책을 덮고 몇몇 질문을 해본다. '19세기 다소 타락한 면이 있는 프랑스 사회에서 21세기 한국 사회상이 보이는가?' '사치와 낭비로 탕진하는 자식을 무분별하게 돕는 고리오 영감을 어떻게 생각하는가?' '돈과 인간의 허욕이 빚어낸 희생의 진정한 의미는?' '리어왕과 고리오 영감의 차이점은?'

떠도는 정체성, 근원으로 회귀하다

– 르 클레지오 J.M.G. Le Clézio의 《황금 물고기》

르 클레지오, 최수철 역,
《황금 물고기》, 문학동네, 2021

파리 하늘을 수놓은 뭉게구름은 센강과 닿을 만큼 낮게 떠 있다. 수면에 일렁이는 낮달 그림자는 투명하다가 곧 물결에 뒤섞인다. 갑작스럽게 거센 바람이 인다. 낮달도 자취를 감추고 사방이 캄캄하다. 낮의 어둠과 비바람을 맞지 않은 인생이 있을까. 생의 고苦를 피할 수 있을까. 애원해도 간절함이 통하지 않는 세상, 생의 질곡에 묶인 채 불안함으로 일관된 한 어린아이의 삶이 어른거린다. 예닐곱 살 아이를 주인공으로 한 소설《황금 물고기》다. 어둠 속에 씌워진 덫, 주인공은 이 올가미를 어떻게 벗겨낼지 궁금하다.

부모의 사랑으로 달콤한 추억을 간직해야만 할 무렵, 인신매매단에 의해 팔려갔던 기억만 생생한 라일라. 냉혹한 현실과 마주할 때 쨍쨍한 햇살은 캄캄한 여정에 동행하지 않는다. 거친 세파를 통과하고 고향으로 회귀하기까지의 삶을 르 클레지오는 어떤 식으로 언표화했을까. 주인공의 정체성 찾기에 작가는 독자도 합류하게 한다. 작품과 더불어 작가의 삶에 관해서도 알고 싶은 게 많다. 그의 궤적을 더듬어보자.

1. 인간, 존재론적 탐구

1940년 남프랑스 니스에서 출생 후, 아프리카 나이지리아, 멕시코, 파나마, 영국, 태국, 한국 등 여러 나라에서 생활한다. 영국과 프랑스 대학에서 수학하고 1963년 처녀작 《조서》로 르노도상 수상, 1980년 《사막》 발표 후 아카데미 프랑세즈가 수여하는 폴 모랑 문학 대상 수상, 1994년 '살아있는 가장 위대한 프랑스 작가'로 선정. 1996년 《황금 물고기》는 출간 후 장기간 베스트셀러 1위를 지킨 작품이다. 1997년 《노래가 넘치는 축제》로 장 지오노 상 수상, 2008년 노벨문학상을 수상했다. "인간성 탐구, 관능적 엑스타시, 시적 모험, 새로운 출발의 작가"라는 점이 노벨상 선정 이유이다. 한 작품을 콕 집어 노벨 수상작으로 정하지 않은 것은 그의 작품이 전반적으로 수상감이라는 말일 게다. 특히 《황금 물고기》는 "숱한 고난과 역경을 겪으며 세상을 표류하던 한 어린 소녀의 근원 찾기를 작가 특유의 언어로 아름답게 그려냈다. 서양문명을 탈출하여 자연으로 회귀함으로써 인간의 강인한 생명력과 원시의 힘을 그려냈다"라는 평을 받고 있다.

작가 삶의 영토는 넓고 깊다. 산 하나로, 바다 하나로 묘사하기엔 부족하다. 산과 바다, 나아가 전 세계를 다 섭렵한 풍경을 담아놓은 듯 다채롭다. 다양하나 수수한 듯 친자연적이고 부드러운 서정성이 돋보인다는 것. 그리고 이런 삶이 소설 속에서 활자로 환생하여 생명이 깃든 새 이미지로 부활시켰다는 것이다.

2. 보이는, 보이지 않는 폭력

'어느 날, 예닐곱 살 된 여자아이가 달아날 틈도 없이 자루에 담긴다. 묶인 채로 물건인 양 팔린다. 캄캄한 자루 속에서 숨 막혀 죽을 것 같지만 오직 살아남기, 맹목적, 원초적 살아남기만을 위해 발버둥 친다. 나이에 맞지 않게 부조리한 세상과 맞서야 한다. 험한 세상을 뛰어넘으려는 특별한 노력보다는 힘없는 순응이랄까, 그저 받아들인다. 글이나 음악도 우연히 배우고 자기 것으로 만들면서 짓밟힌 길에서 벗어나려는 수단으로 자연스럽게 수긍한다. 고향인 아프리카에서 납치되어 유럽과 미국이라는 세상의 바다를 유영하다 결국 자신을 배신했던 고향으로 돌아간다. 표류와 역류를 반복하며 거쳐 가고 살아내야 할 운명과 맞다뜨린 한 소녀의 인생 역정을 담은 긴 여정'이 줄거리다. 이런 맥락에서 제1장 첫 단락은 소설 전체를 관통한다.

"예닐곱 살 무렵에 나는 유괴당했다. 그때 일은 잘 기억나지 않는데, (…) 끔찍한 악몽처럼 밤마다 되살아나고 때로는 낮에도 나를 괴롭힌다. (…) 검은 새의 고통스러운 울음소리, 그때 갑자기 한 남자의 손이 나를 잡아 커다란 자루 속에 던져 넣고, 나는 숨이 막혀 버둥거린다."(르 클레지오, 최수철 역, 《황금 물고기》, 문학동네, 2021, p.9)

이 인용문에다 첫 페이지의 "오, 물고기여, 작은 황금 물고기여, 조심하라! 세상에는 너를 노리는 올가미와 그물이 수없이 많으니."라는 짧은 문장을 이어보면 '검은 새의 고통스러운 울음소리, 올가미와 그물'이 중심 키워드라는 것을 유추할 수 있다. 나는 지금 파리 '생 라자르' 지하철역에서 주인공이 오갔던 주변을 두리번거린다.

아프리카 멜라, 프랑스 파리, 미국 보스턴 등 소설의 여러 배경지 중 프랑스 파리와 니스가 차지하는 부분이 크다. 생 라자르역을 중심으로 등장인물들이 오고 간 지하철역을 지날 때면 촘촘히 놓인 징검다리 같은 역들이 누군가에게 악마의 덫이 될 수도 있겠다 싶어 마냥 즐겁지만 않다.

'검은 새의 고통스러운 울음소리'는 라일라의 '버려진 고독에서 나오는 깊은 비명'과 동일 의미가 아닐까. 랄라 아스마의 저택에 팔려간 순간부터 주인 할머니가 죽을 때까지 철저히 혼자가 된 기분은 검은 새의 고통과 동궤가 될 수 있다. 훨훨 자유롭게 날 운명에서 멀어짐과 어그러짐의 위험을 크게 인지한다는 것일 테다. 고독과 함께 자기 소멸이라는 의식, 벼랑 끝 내몰림까지 느꼈을 것 같다.

"무엇보다 나를 두렵게 하는 것은 고독이었다. 꿈속에서 나는 때때로 오래전 유괴당했던 날을 다시 겪었다. (…) 검은 새의 끔찍한 울음소리를 다시 들었다."(위의 책, p.41)

그녀에게 세상은 고통스럽고 혼탁한 바다다. 그 위에서 곡예를 해야 하는 신세라면 공포의 끝은 어디일까. 랄라 아스마 할머니의 아들부터 운전기사, 친절한 들라예 등 호시탐탐 성폭행을 노리는 자들 가운데

서 외줄 타기 곡예를 해야 한다. 비 인격자, 무인격자들의 행위란 원래 그런 거야, 라고 눈을 감더라도, 모래알만 한 힘없는 존재가 곡예를 마치더라도 불안을 떨치기는 어렵다. 이런 라일라가 제대로 된 삶, 건강한 삶을 이어갈 수 있을까. 지구 밖 멀리 달아날 생각을 숱하게 하면서도 자신을 보호해줄 장소는 어디에도 없다고 체념하며 처음 팔려온 지역인 '멜라' 지역을 무덤덤하게 떠날 결심을 한다. 배에 몸을 실은 라일라, 그녀 안엔 일시적으로나마 자유를 향한 실낱같은 희망이 남았을까.

> "도시의 윤곽은 엷은 안개 속에서 흐려져 갔다. 강 저편은 이미 어둠 속에 잠겨 들고 있었고, 불빛이 깜빡거렸다. 처음으로 나는 자유로운 것 같았다. (…) 더 이상 그 새하얀 거리와 새의 울음소리가 두렵지 않았다. 앞으로 나를 자루 속에 집어넣고 때리고 하는 사람은 없을 것이었다."(위의 책, pp. 67~68)

여인숙에서 알게 된 '후리야'와 프랑스 '툴루즈'를 거쳐 파리에 도착한다. 떠나기 전이든 후든 그녀의 가치관은 흔들리지 않고 표류할 곳곳을 대비하고 연약한 몸으로 맞섰고 맞설 테다. 장수만 옮겼지 그녀 주변을 둘러싼 파렴치한들이 여전했으니까.

파리에 도착하자마자 '장 부통' 거리의 허름한 하숙집에 사는 마리 엘렌 덕택에 '부시코 병원' 잡역부로 일을 시작한다. 인간에 대한 본질, 삶의 언저리 그 한 뼘의 공간마저 없는 파리에서 나날의 절망을 어떻게 피해 갈까. 조금 특이한 점은 새로움에 대한 기대감으로 일시적 파리 탐색과 파란 하늘로부터 희망을 맛보았던 것 같다. 소설 전체의 어둠을 걷어치운 듯 고민 없이 낯선 곳에서의 여행을 즐기는 여느 관광객으로 착각해볼 수 있는 단락이다.

"나는 여름 내내 파리 탐색을 계속했다. (…) 팔월의 소나기가 센강의 수위를 높였다. (…) 거리와 대로를 아무리 걸어 다녀도 싫증이 나지 않았다. 때론 지하철을 타기도 했지만 주로 버스를 이용했다. (…) 사람들과 건물들과 상점들과 그 사이의 광장들을 보고자 했다."(위의 책, pp. 108~109)

바스티유 역 광장

바스티유와 마들렌역 주변처럼 조용하고 세련된 구역이나, 흑인이나 외국인이 많이 사는 이탈리 광장역 주변이나, 장 부통 거리나 그 어디라도 경계를 그을 필요가 없을 만큼 밝아 보인다. 라일라가 자기 집의 가사도우미가 되기를 원했던 프로메제아 의사의 집이 있는 파시역의 조용한 골목길도, '염화칼슘에 감은 머리카락과 뾰족한 얼굴과 퀭한 시선'을 가진 사람들도 이런 라일라를 훑어보며 곁눈질을 했으리라. 그들 마음속에 보이는, 보이지 않는 폭력이 있음을 알아채도, 무자비한 이들이 행사한 폭력, 선한 가면을 쓴 동성애자의 악마성, 그물을 놓은 자의 끈끈이를 떼기란 쉽지 않더라도. "급류를 거슬러 올라가

바스티유 지하철역

이탈리 광장역

는 물고기처럼, 지금처럼 다른 사람들, 다른 사물들 사이를 누비며 살아가고 싶다"라고 말한다.

> "나는 어렸을 적부터 사람들이 끊임없이 나를 그물로 잡으려 했다고 생각했다. 그들은 나를 끈끈이에 들러붙게 했다. 그들은 그들 자신의 감상과 그들 자신의 약점으로 내게 덫을 놓았다."(위의 책, p.116)

참으로 슬픈 나날이다. 슬픔과 눈물은 고통의 연결고리다. 눈물을 흘릴 수 있다는 것도 슬픔과 아픔을 돌아볼 여유가 있어야 가능한데 주인공은 그 흔한 눈물도 감추지 않았을까. 역류할 힘, 거슬러 가는 힘에 보태려고 꾸역꾸역 눈물샘을 막은 것일까. 참은 눈물은 가난, 그늘, 억압, 폭력, 소외 등의 올가미를 덫 밖으로 밀어낼 힘으로 쓰이게 될까.

누구나 표류하는 순간이 있고 자기 앞의 생에 덫이 놓일 수 있다. 작가는 이런 삶의 여정을 통해 지혜롭게 피해 가는 법을 안내해 주듯, 우리 삶을 회고하며 정리해볼 것을 주문하듯, 그 의도를 저변에 깔았던 것 같다. 탐구와 모험, 표류할 시간이 그리 많지 않음도 시사한다. 그러면서 세상의 바다엔 암초만 있지 않음을 일러주듯 라일라 편인 친구들을 등장시킨다. '음악'이라는 장치를 통해 주인공이 살아남을 가능성에 복선을 깐다.

3. 역류하는 삶과 역설

라일라가 세상을 떠돌며 표류만 하게 내버려 두지 않는 것은 소설의 역설이고 글자의 힘이며 독자의 에너지를 끌어올린다. 라일라가 절규,

어둠의 그림자를 담담히 끌어안은 모습에서 지상의 파라다이스와 지옥의 혼돈, 그 경계를 외면할 수만은 없었던가 보다. 작가는 극락과 지옥, 빛과 어둠, 올가미 벗겨짐과 덮어짐 등 상반되는 두 세계가 나란히 가야 함을 말하고 싶은 것일까.

두 세계에서 역류가 표류를 삼키고도 남을 에너지를 보여줄 때까지 눈물은 없다. 오히려 슬픔과 눈물을 즐기며 암초를 피해 가는 여유를 선택한다. 그녀의 남자 친구인 노노, 노노의 친구인 하킴이 라일라 편에 있다. 그들은 라일라를 외부 세계와 연결해주는 유일한 통로이고 파리 리옹역을 함께 배회해 준 진정한 친구들, 마음을 포갤 수 있는 사람들이다. 밤이면 톨비악, 오스테를리츠역까지 갔다 오기도 한다. 이탈리 광장, 오스테를리츠, 바스티유, 시청역 통로에서 저녁때 울리는 북소리와 거리의 악사들과 만남은 라일라에게 하나의 불빛이고 희망이다.

하킴으로 인해 학업에 관심을 가지고 하킴의 할아버지 '엘 하즈 마포바'를 통해 "아무 가치 없는 사람이라 해도 신의 눈에는 보석처럼 보인다는 이치" "신은 낱알과 씨앗을 쪼개어 죽은 자에게서 산 자를 꺼내고 산 자에게서 죽은 자를 꺼낸다"라는 의미심장한 말에 힘을 얻기도 한다. 그러면서 자기 조상의 신들과 고향을 생각한다. 할아버지의 말이 그녀가 고향으로 회귀하는데 매개체가 되었을 법하다.

하킴 할아버지는 죽으면서 자기 여권을 불법체류자인 라일라에게 남겨준 장본인이다. 이름과 여권으로 떠날 수 있는 자유를 주고 싶었을 게다. 표류한 삶에 역류를 꿈꾸게 할 희망을 준 실마리가 되었음에 틀림없다.

4. 음악 세계로

자블로의 불법 거주지를 떠나 파리 5구 은퇴한 부부 집에서 가정부 일이 끝나면 소르본 근처 카페에서 하킴과 이야기를 나눈다. 지하 세계와는 색다른 경험이다. 지하철역에서 음악을 만나고 거리의 악사 '시몬'을 만나면서 음악에 빨려드는 것 또한 낯선 듯 낯설지 않다. 라일라와 같은 처지인 '시몬'은 동질감을 느끼며 자연스럽게 음악을 가르쳐준다. 음악은 기억 속 어둠을 잊고 고통 속에 얽히고설킨 사람들과 상황에서 빠져나가고 쓸려가 버리게 한다. "세네갈의 커다란 강과 팔레메의 항구, 황토 위로 난 제방, 엘 하즈의 나였다. 시몬의 음악이 나를 이끄는 곳이 바로 그곳이었다."라고 말하며 독백 속에 자신의 리듬을 싣는다.

세바스토폴역 주변 건달들, 집단으로 무리 지어 돌아다니는 그들 중 한 명에게 성폭행당할 뻔한 이곳을 피해 기술적 곡예에 성공하는 것이야말로 '정글이고 사막, 길들은 강, 곳곳의 암초로 물의 소용돌이를 일으키는 큰 강, 그 위에 바위에서 바위로 춤추고 뛰어넘고 있는' 이 도시에서 역류할 수 있는 충분한 동력이 될 수 있으리라.

소르본 대학교

소르본 주변 카페

파리를 배회하다 다시 니스로 떠나게 되는 운명도 거역하지 않는다. 루마니아 출신 친구인 주아니코와 니스에 도착하자 자갈 깔린 넓은 해변에서 점심을 먹는 것도 일회적 즐거움이었다.

니스 해변에서도 돌발적이고 성적 괴상한 행동을 하는 남자들을 보며 '이 세상 어디에도 평화로운 장소가 없다'는 것을 목도하고 니스에서는 잠시, 또다시 파리로 돌아왔다가 우연한 기회로 미국 보스턴에서의 삶을 계획한다. 보스턴 역시 만만한 곳이 아니다. 니스 호텔에서 노래 부르던 가수, 새라. 새라 남자 친구로부터 성폭행당할 뻔한 일로 방황, 그리고 시카고 알리앙스에서 프랑스어를 가르치는 '장 빌랑'을 만나 시카고로 떠남. 호텔에서 일자리를 얻고 노래도 부르게 되었다. 비로소 자신이 번 돈을 주머니에 넣어보고 이렇게 회상한다.

"레오뮈르 세바스토폴역에서 듣던 북의 울림이 도처에서, 대기 속에서, 바의 담배 연기 속에서, 새벽이 될 때까지 시카고 상공에 머물러 있는 붉은 기운 속에서 울리고 있는 것처럼 여겨졌다."(위의 책, p.248)

니스 해변

거리의 악사들

그녀에게 음악이란 어두운 뒷골목, 서늘한 두려움이 서려 있는 뒤안길에서 그림자 아닌 빛에 방점을 두게 한 중요한 장치다. 구원자 같고 삶의 본질에 좀 더 다가가는 끄나풀이 된 셈이다.

> "나를 구원한 것은 음악이다. (…) 이제 나는 음악을 귀가 아니라 내 온몸으로 듣고 있었으며 (…) 들을 수 없는 음들이 내 손가락 속으로 거슬러 올라가 나의 피와 나의 숨결, 그리고 얼굴과 등에서 흘러내리는 땀과 한 데 섞였다."(위의 책, pp. 263~264)

음악은 몸부림치는 소용돌이를 멈추게 한다. 바다를 조정하고, 물결의 흐름을 조절하고, 거스르는 법을 터득해 가는 힘이다. 울음을 삼키고 이 앙다물고 기억하기 싫은 기억을 잊으려는 노력이다. 바다 깊숙이 흔적 없이 추락하고 말 생에 대해선 망각하고 싶은 염원이다. 물의 결에 새겨진 옹이를 밟고 올라서 눈물을 저장하고 노래한다.

망망대해서 표류한 자신을 구해줄 누군가를 기다리며 마냥 세월을 낚지 않는다. 혼자 헤쳐나가며 리듬에 몸을 얹는다. 혹독한 급류에도 휩쓸렸다, 허우적거리다, 곤두박질치다, 잠수하다, 다시 물 위에 오도카니 떠 있을 때까지 노래한다. 이 노래는 파리 지하철역 악사들의 음악을 되찾고 그들과 공유하는 울림으로 되살린다. 부르주와 무도회장에서 왈츠에 맞춰 두드리는 음계가 아니다. 어두운 곳곳의 세상 사람들, 지하 거주자들, 아프리카 해안으로 귀향을 노래하던 시몬, 자블로 거리 차고에 사는 사람들, 불법 이주자들, 강어귀에서 배를 기다리며 하염없이 수평선을 바라보던 타브리케트 천막촌 주민들 등 지상과 지하의 모든 사각지대에서 빛을 못 보는 사람들을 위한 음악이다. 그리고 이 음악으로 표류한 바다에서 달리는 법과 쉬었다가 다시 전진하는 법을 익힌다. 음악적 희망이고 자아를 찾는 그녀만의 독특한 방법이다.

5. 초승달의 부족, 본원을 찾아서

"가끔 저멀리 '초승달의 부족'이 사는 그 마을로 가서 거리를 따라 걸어 강가로 나가 나를 기다리고 있던 엄마를 만나는 꿈을 꾸었다."(위의 책, p.42)

어둠과 아픔이 지나고 거슬러 회귀하는 그녀만의 정체성 회복은 힐랄, 초승달의 부족을 꿈꾸며 긴 고뇌의 여행을 마무리하기다. 어딘가에 언젠가는 끝나는 길이 있을 테고 어렴풋이 무의식에 자리한 고향 집 오두막이 생각날 테고, 상상으로나마 팔려간 딸을 생각하며 하염없이 먼 곳을 바라보는 노파, 어머니가 있을 것이라고…. 거리의 악사 시몬에게 '어느 날 사람들이 초승달 모양의 귀고리 한 쌍과 자신을 팔아넘겼다'는 이야기를 들려줄 때, 그때도 고향으로의 회귀를 생각하고 있었음을 알 수 있다.

"저 멀리, 길이 끝나는 곳, 마지막 오두막집 앞에, 사막이 시작되는 그곳에 검은 옷을 입은 한 노파, (…) 그녀는 진정한 힐랄 족, 초승달 부족의 여인이다. (…) 노파는 아무 말도 하지 않는다. (…) 그러나 그녀의 두 눈은 빛나고 윤기가 흐르며 무척 젊다. (…) 이제 나는 마침내 내 여행의 끝에 다다랐음을 안다. (…) 우물을 놓고 벌인 싸움, 복수를 위하여 힐랄 부족의 적인 크리우이가 부족의 누군가가 나를 유괴해간 곳이 바로 이곳이다. (…) 이곳에서 사막 먼지에 손을 올려놓으며 나는 내가 태어난 땅을 만진다. 내 어머니의 손을 만진다. (…) 이름을 떨친 나의 조상 빌랄처럼, (…) 나는 또 하나의 빌랄 족이 되어 부족의 시대에서 벗어나 사랑의 시대로 들어선다. 떠나기 전에 나는 바닷속의 돌처럼 매끄럽고 단단한 노파의 손을 만졌다. 단 한 번만 살짝, 잊지 않기 위하여."(위의 책, pp. 275~276)

부드러운 듯 담담한 서술 기법에서 작가의 시적 서정성이 무엇보다 인상적인 대목이다. 주인공의 파란만장한 도시 문명의 고통과 그녀만이 겪은 고통에 대한 인식, 격렬한 저항적 몸짓보다 삶에 대한 깊은 통찰과 화해를 던지는 듯한 시선을 읽어볼 수 있다. 라일라가 감지한 세상의 바다는 결코 아픔만이 아니라 슬픈 아름다움이 깃들어 있지 않았나, 하는 반전에 두 배의 감동이 따르는 결말이다.

라일라는 예닐곱이었을 때나, 표류 중의 나이였을 때나 고향으로 회귀한 성인이 되었을 때나 과거, 현재, 미래의 어떤 시제와도 담을 긋지 않고 이어지는 존재의 본질인 '그녀' '그녀의 것'에 대한 정체성을 강화해 나가는 종합적 삶을 살았다. 황금 물고기는 '천진성, 강한 생명력, 자유, 낮은 자세로 올가미 빠져나가기, 밑바닥에 가라앉아 있는 출발 장소로 회귀, 원점으로 돌아가기 위한 긴 항해'에 슬픔과 아름다움, 그 은유의 극치를 보여줬다.

어둠에 달빛을 비추어준 작가, 연민과 따뜻한 시선으로, 특유의 친자연적, 서정적 언어로 짓밟힌 삶에 긍정의 은유를 입힌 작가라 말하고 싶다. 서늘한 삶, 어두운 인간사에서 고독을 녹여내고 표류와 역류를 반복하다 결국에는 원점으로 회귀하는, 주인공의 삶에 독자인 나도 슬며시 얹혀 다소 희미했던 내 삶의 정체성과 모험다운 내 시선을 더욱 낮달과 저녁달의 밝음으로 이동했다. 소설 전반에서 섬세한 여성의 삶, 불법 이주민, 인종과 문명, 인권을 깊이 고뇌하면서 인간 근원이 무엇인지, 정체성 찾기에 고민한 작품이다.

생 라자르역과 파리 8구의 작은 공원

이 책을 접으며 생 라자르역과 프렝탕 백화점이 있는 아브르 고마르땡Havre Gaumartin역 중간에 있는, 파리 8구의 작은 공원에 앉았다.

이야기 속의 분위기와 다른 지상 세계다. 벤치에 앉아 있거나 잔디 위에 누워 하늘을 보는 사람들, 돗자리 깔고 앉아 점심을 먹는 사람들, 샌드위치를 들고 있는 내 앞으로 쪼르르 몰려오는 비둘기들, 유모차에 아이를 태우고 아기와 눈 맞춤하는 엄마, 부둥켜안고 사랑의 행위를 하는 연인들이 모인 인간의 바다, 도시의 숲 풍경이다. 《황금 물고기》를 이 도시의 숲에다 풀어놓는다면, 어떤 일이 벌어질까.

'황금 물고기는 왜 표류할 수밖에 없었나?', '표류를 경험했다면, 누가 무엇이 덫을 놓았나?', '자신이 탁류에 휘말린 물고기였다면, 황금 물고기로 변하려 애를 쓸까?', '낙후된 제3의 세계에 관한 이야기에서 어떤 시선을 갖게 되었나?' 등 여러 질문을 던진다. 답을 기다리며 나는 《황금 물고기》처럼 또다시 세상을 유영하려 한다.

아나톨 프랑스Anatole France 거리를 걸으며

– 아나톨 프랑스의 《에피쿠로스의 정원》

아나톨 프랑스, 이민주 역,
《에피쿠로스의 정원》, B612북스, 2021

1. 길과 함께

파리에서 드물게 오는 여름비를 맞으며 걷는다. 비가 와도 습하지 않다. 금세 비가 멈추기 때문이다. 광장이나 정원, 공원의 수목들은 촉촉한 감성에 젖어 제 몸을 살짝 흔든다. 지하철역 가로등은 낮인데도 발그레 부끄러운 듯 제빛을 밝힌다. 빨간 샐비어, 노란 수선화가 빗속에서라도 벌을 부를 듯, 낮의 가로등 아래서 제 색깔을 드러낸다. 화려한 색, 진한 향으로 호객하지 않고 천진한 순수성으로 손길을 흔든다. 꽃의 본질과 인간의 본질, 정의에 바탕을 둔 인간을 생각해보라는 듯 나를 부추긴다.

파리 지하철 3호선 루이즈 미셸Louise Michel역에서 밖으로 나오니 바로 내가 찾던 길, '아나톨 프랑스Anatole France(1844~1924)' 거리다. 작가 이름만 들어도 가슴이 설렌다. 대문호인 그의 이름을 떠올리면 지금 이 거리의 감성, 내 심중을 울리는 감각과 어울리지 않게 먼저 '드레퓌스 사건'이라는 서사가 따라붙는다. 거리 모습도 사건에 걸맞게 정의감에 불타 비장할 것 같다. 감성이 소모되는 듯하나 오늘 동행하기로 한 데는 변함없다.

19세기 말 불안한 프랑스 사회상을 보여준 사건이다. '프랑스 제3공화국이 독일과의 전후 관계에서 유대인 혈통의 장교 알프레드 드레퓌스Alfred Dreyfus에게 스파이 혐의를 부당하게 씌우면서 이를 둘러싸고 프랑스에서 극심한 정치적 사회적 논란을 일으킨 사건'이다. 에밀 졸라는 〈J'accuse(나는 고발한다)〉라는 글로 당시 스파이로 내몰린 드레퓌스를 세상에 알렸다. 그런데 졸라가 의문의 죽음을 맞자 그의 장례식에서 아나톨 프랑스는 "진실과 정의의 수호자에게 바치는 경의"라는 글로 애도와 아울러 이 사건을 파헤치기 시작했다.

프랑스의 격변기를 겪은 소설가, 비평가로 알려졌으며 아카데미 프랑세즈 회원이었던 아나톨 프랑스. 소설에서 인간에 대한 경멸스러운 부분을 풍자와 해학으로 잘 묘사하고 뛰어난 골계미와 문학성을 지니고 있어 노벨문학상까지 받게 되었다. "인간에 대한 깊은 연민, 고귀한 품격, 진정한 프랑스적 기질을 추구한 빛나는 문학적 성과"라고 한림원에서 선정 이유를 밝혔듯이 그는 인간에 대해 고뇌하는 지적 회의주의자, 세련된 비평가, 자전적 작가, 당대 '프랑스의 이상적 인문인'이라는 평을 받았다. 그의 글이 쉽게 읽히지는 않아도 왠지 인간성으로 다가가기가 편할 것 같은 느낌이 든다. 1873년 《황금 시집》을 비롯해 1921년 노벨문학상 수상작 《펭귄의 섬(1908)》과 그 외 명작, 《타이스(1890)》, 《붉은 백합(1894)》, 《에피쿠로스의 정원(1895)》, 《신들은 목마르다(1912)》 등 많은 작품이 있다.

장르와 상관없이 지금 내가 걷고 싶은 이 길과 잘 어울리는 작품이 무얼까. 읽었던 책 중 《에피쿠로스의 정원》이 가장 매력적으로 마음을 끌어, 내 사색에 동행해 줄 벗으로 다시 꺼내 들었다. 어렵고 딱딱한 철학서라는 선입견과는 달리 명상록 형식을 취하고 있고 작가의 단상이나, 편지글, 가상 대화식으로 구성돼 있어 접근하기가 비교적 용이하다. 사회, 과학, 예술, 문학, 정치 등에 대해 아나톨의 세계관이 집약된 책이라고 하니 아나톨을 소설가로서보다 철학적 사색가로 생각하고 함께 길을 걸으며 대화를 나누고 싶다. 제목에 붙은 에피쿠로스라는 말 때문에 부담이 되지만 철학에 대해 잘 모르니 어설프게 언급하기보다 명문장 소개를 중심으로 아나톨의 명상록, 《에피쿠로스의 정원》을 걸어 볼까 한다.

에피쿠로스의 정원이 어떻게 생겼을까? 나무와 꽃이 많은지, 정원이 넓은지 좁은지, 어떤 벤치가 놓여있는지, 새들이 쉴 수 있는 새의 집도 있을까 등 궁금증이 발동한다. 그 정원에서는 자연 친화적 대화가 이루어졌을까. 자유롭되 정신적 쾌락 같은 단어들이 그들의 대화상에 올려졌을까. 내 삶의 혼돈을 정리해 줄 어떤 것에 대하여 어깨너머 식 배움으로 탐색해 봐야겠다.

아나톨은 "지구가 세상의 중심이고, 모든 천체가 지구 주위를 돈다고 굳게 믿었던 옛날 사람의 생각을 우리가 이해하기란 쉽지 않다."라는 말로 글을 시작한다. 기원전 이야기를 꺼내온 듯하나, 작가가 이 글을 썼을 때는 19세기다. 제목을 따올 만큼 고대 그리스 철학자 에피쿠로스를 무척 좋아했나 보다. 금욕적 쾌락주의자라는 말에 나도 한때 좋아했다. 게다가 내가 좋아하는 정원에서 철학적 담론을 펼쳤다니 상상만으로도 철학자가 된 기분이다. 쉬운 글로 된 단상만 건지더라도 아쉬움이 없을 것 같다. 제일 먼저 마음에 와닿는 글귀다.

"무지는 행복하기 위해서 뿐만 아니라 인간이 존재하기 위해서도 필요하다. 모든 것을 안다면 우리는 삶을 단 한 시간도 견뎌내지 못할 것이다."
(아나톨 프랑스, 이민주 역,《에피쿠로스의 정원》, B612북스, 2021, p.33)

모든 것을 다 알 필요가 없다는 말, '무지나 무식'이 이렇게 편하게 들리고 반가울 줄이야. 무식은 존재를 위해서도 필요하다니 알량한 얕은 지식이 있다면 그것까지 비워야 할 것 같은 기분 좋은 조급함이 든다. 마치 학생이 공부하지 말라는 소리를 듣는 것처럼 회심의 미소를 짓게 한다. 작가의 생각이 천연덕스럽고 신으로부터 멀리 떼 놓고 인간을 바라봐주는 듯해 '모름'에 대해 위안을 얻는다. 무지가 사람을 죽이는 게 아니고 살릴 수 있겠다는 생각, 모름이 앎으로 건너뛰기까지 신은 우리에게 어떤 작업을 실행했을까.

여름비가 축축하다. 금방 소멸해 버리는 바닥에서 그 밑바닥 삶을 선사하지는 않았을 터, 유식이 무식의 집단에 대거 '압도하지는 말아야 함'과 '압도하지 못함', 이 두 가지, 나만의 명제. 무식의 언어가 유식의 대화를 단절하고도 남을 힘을 얻어 발길을 옮긴다. '유식한 척하지 마라, 무의미한 소모전일 뿐'임을 간접 시사했다고 여긴다. 그러면서 작가는 아마 유·무식을 떠나 모든 인간에게 마르쿠스 아우렐리우스의 《명상록》에 나올 것 같은 명문의 씨앗을 남겨놓았으리라.

중국, 일본 음식을 주문 배달하는 식당

바닥의 습기가 마르고 건조한 마음마저 바닥에 붙이라는 듯한 빛의 향연은 대낮에도 신비롭다. 지하철역을 중심으로 이쪽저쪽 양쪽을 다 가보려 한다. 먼저 왼쪽 길로 간다. 중국, 일본 음식을 주문 배달하는 식당이 보이길래 화들짝 반갑다. 먹고 싶은 욕구도 잠시뿐, 그 순간 하늘엔 또다시 회색 먹구름이 공중 들판을 누빈다. 다행히 어둡지는 않다. 하늘이 땅이라면 구름 밭을 가꿀 수도 있겠다. 아무리 척박한 먹구름이 곳곳에서 뭉치고 흩어지더라도 파란 하늘을 불러 달라 기도하며 즐길 것 같다. 잠시 뜬구름 잡는 공상에 잠기다가 치과, 고가구점, Allianz보험사, 오토바이 가게, 45유로부터라고 적힌 호텔 'Hotel d'anjou'까지 왔다.

호텔 1층에는 카페가 있다. 거리 이름을 따 '아나톨 카페'다. 집시의 피가 발동하면 언제든 여길 다시 올 수 있으니 기회를 놓치지 말아야 할 호텔이라 싶어 멈췄다. 외관이 허름하다. 벽 페인트나 프랑스 창문의 덧문인 볼레의 흰 페인트가 바랬다. 누르스름하고 습기 젖은 외관이 왠지 힘든 삶을 끌고 가는 사람들에게 축축한 시름을 덜어줄 것 같아 괜찮아 보인다. 호텔 1층 카페에 들어가 에스프레소 한 잔을 주문했다.

나는 왜 책을 좋아하고, 작가를 좋아하고 파리까지 와서 책 이야기에 빠져드는가. 그냥 관광이나 하고 무랑 루즈 같은 바에서 칵테일 한 잔 하며 삶의 고뇌를 녹이면 될 것을. 이런 내가 좋기도 하고 싫기도 한데, 아나톨 프랑스에게 나를 이해하기 위해 '책이란 무엇인가'에 관해 물었다. 그의 답이다.

2. 기호, 신비한 손가락

"작은 기호들이 늘어서 있는 공간이다. 그 이상이 아니다. 그 기호들에 해당하는 형태와 색채, 감정을 읽어내는 일은 독자의 몫이다. 책의 내용이 우울할지, 화사할지, 열정적일지, 냉정할지 등은 독자에게 달렸다. 책에 들어있는 모든 기호가 신비한 손가락 같다고 말하고 싶다. 하프를 연주하듯 두뇌 섬유를 스치며 우리의 영혼에 음을 일깨우는 연주자의 손가락이라고 말이다. 예술가의 손길이 영감으로 충만하거나 지혜를 담아낸다고 해도 헛될 수 있다. 그 손가락이 만들어내는 음은 우리 독자들의 내면이라는 악기에 달린 내밀한 현의 질에 달렸으니 말이다."(위의 책, pp. 40~41)

영혼을 갈아 넣어 한 글자 한 글자 문장을 조립한 작가의 뜻은 '그 행위로 끝내고 활자화된 이후 아무런 미련을 두지 말고 독자의 반응을 기다리라'는 의미로 들린다. 진정한 작가 정신을 소유한 자의 말에 힘입어 나도 그의 책을 내 나름대로 해독하고 받아들여도 될까, 자신감이 붙는다. 내 생각에 층층이 새겨둔, 고착된 언어가 부드러워질 것 같고 걷고 있는 길바닥과 머리에 이고 있는 하늘과의 경계를 허물어도 될 것 같은 공간과 시간이다. '이상적인 인문인'인 아나톨이 없었다면 지금 내가 여기에 있을 이유가 존재할까. '아나톨'이라는 인간과 '나'라는 인간, 인간과 인간의 관계에서 작가와 독자의 경계도 허물며 에피쿠로스적 대화에 끼어든다.

'에피쿠로스'라는 단어를 곱씹을수록 정원이나 자연이란 이미지가 자꾸 살아난다. "쾌락과 풍요, 물질적 풍요가 아닌 신체에 고통이 없는 상태의 쾌락, '쾌락=고통의 부재'로 물질적, 육체적 쾌락은 오히려 고통을 수반하기 때문에 멀리하여야 하며 단지 최소한의 쾌락이 충족되기만 하면 되는 것"(나무위키 참조)이 이 학파의 큰 줄기라 예나 지금이나 마음에 든다. 정신적 쾌락을 즐기는 나로서는 책 속에 담긴 작가의 표면적인 감정에 차분함과 정교함, 그와의 수평적 대화에 새로운 풍경을 만들고 싶을 따름이다. 축적된 지식 없는 내 사고가 근거 없는 자신감으로 해독될지언정 헛된 공수표가 아니라 지금, 이 공간에 그의 생각과 영혼을 어설픈 나의 것에 얹어 나를 녹여내면 되겠다. 글 밭에 뿌려진 씨앗에 싹 하나 틔운 것에 만족하며 도로 위를 수목 가득한 정원이라 여기며 앞을 향한다.

작가의 아버지가 서점을 운영한 덕에 작가는 어렸을 때부터 책과 한몸이 되다시피 했다고 한다.

센강변 고서적 방

방대한 독서 경험에서 온 책에 관한 가치관이 뚜렷하다. 게다가 작가의 고서 사랑은 그 누구도 말릴 수 없고 응집된 그 흔적은 작가 안에 육화되어 있다. 센강변 고서적 방 어느 한 구간을 '아나톨 프랑스의 거리'라는 이름을 붙일 정도로 유명하다. 이런 센강변의 운치와 문화유산도 내년 올림픽 안전

문제로 철거한다는 소식에 내 가슴이 서늘하다. 아나톨이 몹시 서운해 할 것 같다.

> "책을 즐기는 취미는 칭송받아 마땅하다. 사람들은 흔히 애서가들을 놀리곤 한다. 책을 좋아하는 이들은 놀림을 당하기 쉬운 사람들인지도 모른다. 이는 사랑에 빠진 사람과 같은 특성이다. 우리는 오히려 애서가들을 부러워해야 한다. 그들의 취미로 인해 그들의 삶은 길고도 평화로운 쾌락의 길로 들어섰기 때문이다. (…) 고서에 대한 사랑이 다른 어떤 대상에 대한 애착보다 헛되다고 말할 수는 없다."(위의 책, pp. 91~92)

애서가들을 비판한 사람이 읽지 않고 전시용이나 소장용으로 장롱 속에 넣어둘 걸 왜 모으냐고 빈정거릴 때, 골동품 도자기에다 밥을 먹는 사람이 있냐고 받아치며 책과 애서가들을 방어한 대목이고 그의 고서에 대한 사랑과 애착은 책 세계에서만큼 결코, 변방에 머물지 않은 작가임이 고스란히 드러난다. 그리고 명작에 관한 고언도 빠뜨리지 않는다.

> "우리가 옛 작품을 동경할 때는 항상 일종의 착각을 덧입힌다. 명작을 이해한다는 것은 한마디로 그 작품을 스스로 재창조하는 것과 같다. 동일 작품도 이를 바라보는 영혼에 따라 다양한 모습으로 투영되기 마련이다. 인류의 각 세대는 오래된 명장의 작품들 앞에서 항상 새로운 감정을 촉구했다. 가장 뛰어난 관람자는, 몇 가지 운 좋은 오해의 대가로 작품에서 가장 순수하고 가장 강렬한 감정을 찾아내는 사람이다. 그렇기에 인류는, 적어도 일부는, 불분명하고 다양한 해석이 가능한 시와 예술품에 가장 열정적으로 집착하지 않았는가."(위의 책, p.95)

어른들의 시선으로 재해석되는 '명작 이해'에 관해 '작품을 스스로 재창조하고, 새로운 감정 촉구, 가장 순수하고 가장 강렬한 감정을 찾아내기'로 읽히는 대목이라면 어린아이의 시선으로 본 '책'에 관해 그가 어떻게 공감했을까. 아이를 '현자'라 말하며 아홉 살짜리 여자아이가 말한 내용을 언급한 부분이 있다.

> "책 속에는 실제로 볼 수 없는 이야기가 나와요. 너무 먼 나라 이야기거나 지나간 옛날이야기거든요. 그런데 책에 있는 내용은 우리가 쉽게 볼 수도 없고 슬프기만 해요. 어린아이들은 책을 읽으면 안 돼요. 세상에는 보기 좋은 것들이 너무 많고 아이들은 아직 보지 못한 것들이 많으니까요. 호수, 산, 강, 도시와 시골, 바다와 배, 하늘과 별들이요!"(위의 책, p.101)

아이의 생각에 동의하며 사람들이 지나치게 책 세상에 살아 자연과 많은 시간을 보내지 못함에 대한 아쉬움을 토로하며 아이의 생각과 결을 같이하고 있다. 작가 자신이 너무 책에 빠져 살아온 것을 돌아봄과 자연과 누릴 수 있는 시간의 한계 같은 아쉬움이 보인다. 우리에게 살아있을 시간이 딱 한 시간밖에 없다면 할 수 있는 게 극히 제한적이라 책을 통한 지식으로 머릿속을 채울 필요가 없고 자연과 친해지기를 권유하는 대목이다.

  7월 말의 여름비는 조금씩 뒷걸음치며 주춤거린다. 비도 자연이거늘, 자연은 내 버거운 책의 무게, 삶의 짐을 조금 가볍게 해줄 거라는 확신이 든다. '삶이 괴로움이고 아픔'이라고 여기다가 '세상은 살만해'라는 생각이 수시로 왔다 갔다 한다. 상투적인 두 문구가 머리 한구석에 정박해서 갈팡질팡, 엉키던 순간이다. 이 길 위에서 작가와 반가운 조우로 뭔가 석연찮은 내 어설픔을 조금 반듯하게 하고 싶다는 선한 욕망이 인다. 비는 잠시 주춤하나 내 발걸음엔 속도가 붙는다. 담배 가게, 라면

라면집   아나톨 프랑스 지하철역

집, 일본식당, 수선집, 빵집, 약국까지 오니 지하철 '아나톨 프랑스' 이름이 붙은 역이 나온다.

　오늘 내 길의 동행자라 이 역에서 한 컷을 남겨야 할 의무감이 든다. 손에 든 책에 밑줄을 긋는다. 책을 통해, 문학을 통해 생의 질곡을 많이 치유하는 나로서는 밑줄이 늘어날수록 아픔과 상처가 줄어든다.

　"아파한다는 것, 이 얼마나 신비롭고 신성한가! 우리가 가진 모든 선함, 우리의 삶을 가치 있게 하는 모든 것은 다 고통이다. 고통이 있기에 자비의 마음이 있고 용기가 존재하며 모든 미덕이 있을 수 있다. (…) 고통 없이는 미덕도 천재성도 없기 때문이다. 고통을 매력적으로 만들 수 있는 기술이 천재성이 아니면 대체 무엇이 천재성인가?"(위의 책, p.47)

3. 삶과의 이음새, 문학

　"나는 삶과 연관이 있다고 생각되어야만 기꺼이 문학 작품을 받아들인다. 삶의 이음새야말로 내가 끌리는 부분이다. 나는 히살리크 언덕에서 발견한 천박한 도자기들을 통해《일리아드》를 더욱 사랑하게 되었고, 18세기 피렌체의 삶에 대한 지식을 통해 단테의《신곡》을 좀 더 잘 이해하게 되었다. 내가 예술가에게서 찾고자 하는 바는 인간이다. 오직 그 안에서 발견하는 인간뿐이다. (…) 가장 위대한 예술 작품이 가지는 가치는 오직 작품이 삶과 맺고 있는 관계에서 나온다."(위의 책, p.81)

서울에서의 마음 아픔이 싫어 예까지 왔을 수도 있다. 파리는 내 인생의 화양연화, 그중 하나의 꽃을 피운 도시라 아픔의 자리에 기쁨을 앉힐 수 있는 곳이기도 해서다. 슬픔과 아픔이 어느 시간 지나면 축적된 냄새가 사라질 것 같았는데 오히려 점점 더 아픔에서 오는 통증이 비릿하고 거슬린다. 살아있는 날들에 대해 날마다 벼랑의 아슬함을 끼고 아픔에서 돌아누워 새 풍경에 진입하고 싶은 얄팍하고 겉돌기만 했던 아픔이어서 그럴까. 잠시 고통에, 인간에, 문학에, 예술에 대한 그의 통찰에 딱딱하고 건조한 내 생각을 용해할까 한다.

고통이 제거된 안정감, 그 고요에서 오는 쾌락, 고통의 극복에서 오는 쾌락을 위해 고통이 꼭 필요하다는 의미인가(?) 아픔과 고통이 없는 삶! 그런 삶이 가능하기나 한 걸까. 이 길을 따라 생각이 줄지어 따라오는 동안 어느새 센강 하구까지 왔다. 강둑에 자리 잡고 요트를 타고 강을 즐기는 사람들을 보며 아픔과 고통이 없어 보이는 그들의 삶이 처음엔 낯선 풍경처럼 와닿았다. 절제 없는 쾌락을 즐기는 듯한 이 광경을 아나톨은 어떻게 생각할까. 아픔이 인간을 키우고 사유 확장에 이바지할 미덕인데, 그냥 향락을 즐기는 쾌락, 그 쾌락으로 인정하지 않을까. 내 아픔이 없다면 타인을 향한 자비심을 가지기엔 역부족일 터, 하여 작가는 고통을 매력적으로 만들 수 있는 기술, 천재성으로 격상하니 아픔을 구름의 집이 있는 하늘까지 몰고 가려는 용기를 얻어야 할 것 같다. 그러려면 인내와 용기가 아픔과의 유대를 끈끈하게 이어줘야겠지.

해가 잠잘 준비를 할 무렵이다. 일본식당, 개신교 교회, '160번지, 아나톨 프랑스' 거리를 지나 Quai Charles pasqua 부두에 있다. 강둑 카페 산책자들은 커피 대신 와인을 한 잔씩 한다. 나도 흉내 내며 못 마시는 로즈 와인을 한 잔 시켰다. 아픔을 기쁨으로 받아들이려면 감정의 위치도 바꿔야 할 듯, 와인을 살짝 입에 댔다가 물 한 잔 마시길 반복하며 알코올 기운으로 또다시 슬퍼지지 않기를 바란다.

내가 그의 책을 읽듯이 그도 나처럼 어느 시인이 쓴 책을 읽고 책 속에서의 유토피아와 현실의 거리감을 그저 몽상으로만 끌고 가지 않은 부분이 있다. 다시 한 번 안도의 숨을 쉬었다. '고품'가 없는 파라다이스는 호숫가에 금방 피었다 사라지는 무지개와 같을 만큼 무가치함을 이렇게 피력한다. '고품' 안에 책과 문학과 인생이 있다는 것, 그것에 격한 공감을 한다.

개신교 교회

160번지, 아나톨 프랑스 거리

4. 고품, 인생의 미덕

"자신을 넉넉히 나눠주는 나무에 상처를 내야만 진액을 얻을 수 있듯 진정한 기쁨은 고통 안에서 찾을 수 있다. 유토피아를 다룬 그 책 속의 인물들은 열정을 없애버림으로써 그와 동시에 기쁨과 고통, 아픔과 쾌락, 선, 악, 아름다움을 모두 소멸시켰다. 그리고 무엇보다 미덕을 없애버렸다. 그들은 현명할지 몰라도 아무런 가치가 없다. (…) 고통이 가득한 삶을 받아들이게 되었다. 마침내 주위 사람들을 존중하는 마음이 생겼고, 인간에 대한 연민이라는 위대한 감정에 도달했다. 이 책이 훌륭한 이유는 우리의 현실을 보듬을 기회를 주었기 때문이고 신기루와 착각에 빠지지 않도록 경고해주었기 때문이다."(위의 책 pp. 51~52)

또다시 강조한다. 고통이 없다면, 주위 사람에 대한 존중도, 연민도, 미덕도, 가치도 없을 것이라고. 뼈저린 고통을 통과한 자라야 '인간에 대한 연민이라는 위대한 감정에 도달했다'는 이 말이야말로 오후 내내 나를 관통했다. 아픔과 고통에 흥건히 젖어있었던 나에게 거센 바람을 몰고 와서라도 뽀송뽀송하게 그 깊은 감정을 말려줄 것 같아 새로운 삶의 각도에서 얻은 새 물결의 파장을 감지한다.

"우리는 오직 자비심을 통해 진정한 인간으로 남는다. 옛 전설에 나오는 불경한 위인들처럼 변하지 말자. 약자들에게 자비심을 가지자. 왜냐하면, 그들은 핍박을 견디고 있기 때문이다. (…) 아파하는 자들과는 함께 아파하는 태도를 가지자. 마리아가 기독교도들에게 말한 것처럼, 주위의 불행한 이들에게 우리도 입술로 또 마음으로 '나도 그대와 함께 울리라'라고 할 수 있는 사람이 되자."(위의 책, p.94)

비가 다시 심하게 와서 돌아오는 길에 '아나톨 프랑스'역 카페에 들어갔다. 직원에게 비를 피할 겸 책 좀 읽고 가겠다고 양해를 구했다. 책장을 넘기며 와닿는 문장 발견. 작가가 어느 시골 마을 장터에서 위대한 안토니오 성인의 인생을 묘사한 인형극을 관람한 후 '신의 은총과 악마의 은총을 총체적으로 잘 보여줬다'라는 평을 하며 쓴 글이다.

"악은 필요하다. 악이 없으면 선도 존재하지 않는다. 선의 유일한 존재 이유가 악이다. 위험이 없는데 용기가 무슨 소용이고 고통이 없는데 자비가 무슨 의미가 있는가? (…) 악마라는 존재에 대해 그렇게 불평할 필요가 없다. 그는 엄청난 예술가요, 대단한 현자다. 적어도 세상의 절반을 만들어냈다. (…) 악을 하나 몰아낼 때마다 미덕 또한, 한가지씩 사라진다."
(위의 책, p.68)

인형극 무대에서, 기도를 마친 위대한 성인 안토니오는 이마에 굳은 살이 박힐 정도로 무릎을 꿇고 돌바닥에 오래 엎드려 있었을 때, 황금빛 옷을 입은 시바의 여왕이 성인에게 미소를 띠고 그를 유혹한다. 관객들은 성인이 유혹에 넘어가지 않도록 기다리며 유혹을 이겨내려 애쓰는 성인의 고통과 절망을 바라보며,

"우리는 모두 그에게서 자신의 모습을 본다. 그가 유혹을 이겨냈을 때 우리도 그의 승리를 함께 한다. (…) 안토니오 성인은 시바의 여왕의 유혹을 견뎌냈기 때문에 위대한 성인으로 기억한다."(위의 책, p.69)"라고.

그리고 덧붙인다. 악은 선에 꼭 필요하며 악마는 세상에 존재하는 도덕적인 아름다움을 위해 불가피한 존재임을 확신하게 되었다고, 선을 위해 악이 필요함을 강조한다.

아직도 비는 멈추지 않는다. 카페 점원이 친절하다. 비를 피하려고 들어오는 사람이 많아 그런지 연신 환한 얼굴이다. 나도 책을 덮고 끝났다는 홀가분한 기분을 즐길 채비를 차린다. 카페에 앉아 오가는 사람들이 비에 젖은 풍경을 만들어내는 것을 본다.

비를 피해 삼삼오오 조그마한 지붕이 있는 건물이나 공공건물을 찾아

들어간다. 여름이지만 비가 오는 탓에 가을 날씨처럼 쌀쌀하다. 바바리 깃을 세우고 우산 든 사람, 가벼운 패딩을 입고도 몸을 움츠린 사람, 얼른 집에 가기 위해 걸음을 재촉하는 사람, 우산 없이 비 사이로 걸어가는 사람들. 사람이 만드는 경치가 다채롭다.

나처럼 일부러 사서 고생하는 사람은 없어 보인다. 수만 리 머나먼 타국에서 이슬 한 모금 먹듯 생활비 아껴가며 거리를 헤매는 이는 없어 보인다. 그럴수록 내 마음의 결이 촘촘해진다. 기다리다 보면 파리 날씨가 변덕이라 곧, 다시, 파란 하늘이 얼굴을 내밀 거라는 것, 이 계절, 이곳 사람들 속에 풍화된 도로의 경계석이 더 내려앉지 않을 거라는 믿음이 짙다.

5. 우산을 접으며

아나톨 거리, 아나톨 작가, 《에피쿠로스의 정원》에 대한 소회를 정리한다. 고전을 읽으려 하면 먼저 두께와 무게에 기가 눌려 쉽게 손이 가지 않았다 철학서는 말할 것도 없이 어렵고 지루한 담론이라고만 여겼던 것은 편견과 기우였다. 비교적 쉽게 읽히는《에피쿠로스의 정원》은 철학 초보든 베테랑이든 '가능성을 열어준 책'임에 틀림이 없다. 특히 작가가 에피쿠로스와 그 외 철학자들에 대한 존경심을 담아낸 책이라 권하고 싶다.

조금 젖은 몸이 마르고 아픔으로 깊이 파인 곳, 그곳의 마음을 꺼내 보니 누적된 깊은 시름이 사라졌다. 구름과 비와 공중에 떠도는 습기도 증발했다. 감정과 생각과 홀로라는, '하나', 그 하나에 빗발치듯 스멀거리다 가라앉는 감정을 낮의 가로등 불빛에 녹이고 서둘러 카페를 나온다. 움츠렸던 밑바닥을 털고 일어선다. 축축함 위의 뽀송뽀송한, 마른 땅을 향해 걷는다. 축축함의 찌꺼기는 그냥 좀 남겨둬도 누가 뭐라고 말하지 않을 거야. 조금이라도 무거움을 덜어내려는 나만의 어둠 탈피, 《에피쿠로스의 정원》을 읽으며, 그 거리를 함께 걸으며, 밝은 빛을 향해 나아간다.

우산 든 사람이 없다. 내 마음도 우산을 걷어냈다.

배척하는 단어들이 만들고 밀어내는 현실

— 아니 에르노Annie Ernaux의 《다른 딸》

아니 에르노, 김도연 역,
《다른 딸》, 1984
BOOKS, 2021

시간은 기억 속에서 돌고 도는가. 원망도 우울도 슬픔도 섞이지 않은 하늘. 쓸 말이라기보다 할 말로 시작해 하소연하는 과거가 아닌, 신선한 배출구로 파리 몽소 공원 한적한 곳에서 현재의 하늘을 본다. 파랗고 텅 빈 하늘에 뜬 뭉게구름을 보니 추억은 빼곡하나 정제되지 않은 언어를 내뱉으면 안 될 것 같다. 금방 언어 조탁이 수월하지 않아 주위만 서성거리는 이방인이다. 존재하나 부재하는듯한, 말하고 싶으나 말하지 못하는, 썼으나 보내지 못하는 편지글 같은 삶이 내 안에 가득하다. 구름을 꽃 편지지 삼아 봉인해뒀던 것을 모두 풀어놓으라 하면 가능할까. 나

몽소 공원

는 '노'라고 말하겠지만 자신의 삶을 송두리째 봉인 해제와 판도라 상자를 열어놓은 프랑스 작가가 있다.

1. 발견된 존재를 향한 독백 같은 소설

2022년 노벨상 수상 작가, 아니 에르노Annie Ernaux다. 서랍 속에 묶어두었던 편지, 그 편지가 소설화된 《다른 딸》의 비밀을 구름에 고백하듯 풀어놓았다. 하늘과 공원과 구름처럼 선한 어두움, 가벼운 우울에 한 줄기 빛이 될 것 같다. 뇌리에 없었던 언니라는 존재를 발견해서, 발견된 존재를 향한 독백 같은 편지를 이 공원에서 다시 읽어볼까 한다. 소르본 대학교 앞, 서점에서 원서 세 권을 샀다. 《다른 딸》, 《집착》, 《단순한 열정》 중 먼저 《다른 딸》을 집어 들었다.

다른 딸, 집착, 단순한 열정

"아이들은 믿음으로 인해 저주를 받는다.(La malédiction des enfants, c'est qu'ils croient.)"라고 한 플래너리 오코너Flannery O'Connor의 말을 인용하며 첫 페이지를 장식한다. 강렬한 인상을 남기는 문장에서 작가는 무엇을 말하고 싶을까, 무척 궁금해 빨리 책장을 넘긴다. 마음속에서 성급하게 튀어나올 몇몇 단어를 틀어막는다. 막연하고 불명확한 어떤 것에 관한 짐작, 오판이나 선입견으로 어디론가 이탈하려는 마음을 주머니에 넣는다. 분명 '믿음과 저주'를 말하려는 의도가 아닐 것, 작가에게 '상처의 자국'이 있었나, 아니 에르노는 어떤 사람이었을까.

그녀는 1940년, 파리 북동부, 릴본에서 태어났다. 1945년 카페 겸 식료품점을 운영하는 부모님을 따라 노르망디 이브토로 이사 가 그곳에서 자랐다. 루앙대학에서 문학을 공부하고 졸업 후 대학교수자격증을 취득했다. 1974년 《빈 옷장》으로 등단, 1984년 《남자의 사리》로 르노도상 수상. 2003년 그녀의 이름을 딴 '아니 에르노 문학상' 제정, 2008년 《세월》로 말그리트 뒤라스상, 프랑수아 모리악상, 프랑스어상, 2009년 텔레그람 독자상 등을 수상했다. 노벨 문학 수상작 《단순한 열정》을 비롯해 수많은 작품을 썼으며 한국어 번역서도 거의 20권에 가까울 정도다.

릴본과 이브토는 공장이 많은 지역이라 자연적으로 노동자 계급이 모여 사는 곳이다. 처녀작 《빈 옷장》과 《다른 딸》에서 어린 시절을 자세하게 묘사해 놓은 것을 보면 노동자 가정에서 부르주아 계층 이동을 꿈꾸었던 측면이 없지 않다. 부모님 가게에 모여든 사람들의 대화와 그들의 천박한 행동을 못내 아쉬워하던 모습이 여기저기서 솔직하게 드러난다. 자신의 현실을 부정하지 않고 디테일하게 심리묘사를 해 놓았다.

선별된 계층과 그들과의 문화적 차이를 투쟁하듯 갈등하며 '소외'를 몸소 체험한다. 그러나 그 소외를 더욱 소외된, 구석진 장소로 자신을 몰고 가지 않는다. 환경을 탓하기보다 오히려 소외당한 계층에 관심을 가진다. 그들의 삶과 그들의 정체성을 위해 글로써 소외를 정리해 간다. 역경을 딛고 일어나 벗어날 수 없던 부정적인 면을 인정하고 삶을 옥죄던 구속에서 자신 또한 하나하나 해방된다.

스웨덴 한림원이 밝힌 수상 이유에서 "사적인 기억의 근원과 소외, 집단적 억압을 용기와 임상적 예리함을 통해 탐구한 작가. 그녀는 작품을 통해 젠더, 언어, 계급적 측면에서 첨예한 불균형으로 점철된 삶을 다각도에서 지속적으로 고찰하며, 길고도 고된 과정을 통해 작품 세계를 개척해 왔다."라고 밝혔다. 심리적으로 다소 위축되었던 어린 시절의 환경이 순기능으로 작용해 선한 영향력을 끼친 작가라는 것을 단번에 알 수 있다. 자기 안에 머문 작가가 아니라 사회적 문제로 시선을 확장했다는 점이 두드러진다.

《다른 딸》의 줄거리는 간단하다. 부모님 사랑을 독차지하며 외동딸로 살아가는 열 살 정도의 어린아이인 화자. 어느 날, 가게에 온 손님과 어머니와의 대화를 우연히 엿듣는다. 화자 외에 디프테리아로 죽은 언니가 있었다는 사실을 알게 된다. 그러면서 "쟤는 아무것도 몰라요. 아이가 슬퍼하길 원치 않아요. 그 아이는 쟤보다 훨씬 착했어요. 성녀처럼 죽었어요."라는 어머니의 충격적인 말을 듣고 죽은 언니의 존재가 부모님의 마음엔 성녀와 같고 성화하고 있다는 사실로 인해 6, 70이 넘어서도 '착한 언니와 비교해 위축되는 마음'과 싸웠다는 내용이다. 지극히 단순한 내용이나 심리적 패닉을 가져올 수 있는 단어 '비교'를 키워드로 놓는다면 끌어낼 말이 무성하다.

누구나 살아오면서 비교당했던 경험이 있다. 당하는 사람은 처절하고 아플뿐 아니라 '비교'라는 단어에 함몰되어 빠져나오지 못하는 경우가 많다. 특히 "그 아이는 쟤보다 착했어요"라는 말을 다른 말로 바꾸어 보면 '에르노는 안 착하고 조신하지 않으며 말썽꾸러기'라는 소리나 마찬가지다. 엿들은 이 소리가 에르노의 일생을 지배했고 이 비교의 발단이 불안과 혼란으로 이어져 표지 그림처럼 늘 어디론가 달아나고자 했을 것 같다. 그렇지만 이것이 'Ernaux라는 독특한 문학 세계'를 형성한 동력이 되었으리라 생각한다. 쓰라린 통증을 통과해 낼 때 위대한 문학이 탄생함을 증명한 작가 중 한 명이다.

파리 전체가 숲의 도시라 할 만큼 나무와 꽃이 많다. 잠시 공원을 벗어나 길을 걸어볼까 한다. 걸으며 소설을 읽는다. 나선 김에 그녀와 얽힌 문학적 공간을 찾아본다. 일요일이라 거리엔 인적이 드물다. 갑자기 파리 17구 '파싸주 카르디네Passage Cardinet'가 궁금해진다. 지금 이곳은 파리 8구 몽소 공원, 지도상 몽소 공원 지하철역 바로 앞에서 직진하면 지하철 14호선 뽕 카르디네Pont Cardinet역이 나올 것 같다. 지하철 타는 대신 걸어가기로 했다. 한참을 걷다 보니 Rue Cardinet가 나온다. 곧 Passage가 나오겠구나, 생각했다.

작가가 발자취를 남겼을 법한 거리다. 버려짐과 치솟는 욕망 사이에서 또 다른 주제로 고뇌했을 그녀를 떠올리며 하늘과 아파트 건물 사이 어느 한점 허공에 눈을 두고 낭비할 시간이 없다. 여름 열기가 더 강하고 뜨겁다면 성긴 감성이 오감을 움직여 허공에라도 손짓할 텐데 그냥 착하고 유순하다. 도시 바람이 뒤에서 앞으로가 아닌 앞에서 뒤로 역행, 이 바람에 불순종한다면 무슨 일이 벌어질까. 땅바닥을 훑고 다니는 비둘기, 도시 숲을 날아다니는 새들, 그들도 각자 그들만의 영역에서 내면의 공간을 확보할까. 그들은 그 공간에서 무엇에다 유효성을 두고 퍼드덕거릴까. 한 공간을 디디며 사는 인간에겐 무엇이 무효함일까.

같은 도로이지만 Rue는 차가 다니는 도로이고 Passage는 사람만 다닐 수 있는 아주 좁은 골목길이다. 역 근처에 있을 거라는 확신이 들었다. 치과, 티벳 마사지, 침구류 가게, 까르푸 수퍼, 부동산, 합기도 유도학원이 나온다. 파리 음악 학교와 이 학교를 설립한 알프레드 코르토의 음악실, 미용실, 일식집을 거쳐 드디어 파사주 카르디네라 적힌 도로 주소가 보인다.

초행길이라 조금 헤맸으나 태양의 열기 속에 한 점 바람이 도시 사이를 걷는 나와 동행해 주었다. 카르디네의 작고 좁은 골목길이다. 이 골목은 작가의 다른 작품의 배경지 중 하나인 '낙태'와 관련된 거리다. 당시 법적으로 낙태가 불법이었지만 여성에게 구속(?)이었을지 모르는 낙태 문제에 대한 작가의 선한 투쟁과 페미니스트적인 요소가 여성, 아니 인간이 누려야 할 권리와 맞선 곳이라 해야 하나. 당시 지극히 보수적인 프랑스 사회에서 강한 비판 거리가 되고 불법적인 요소임을 알지만 자신의 직접적인 행위로 여성의 인권을 대변하고 사회적 이슈로 크게 부각했다는 점. 무조건이 아닌 정당한 이유가 있을 시 낙태에 대해 조금

파사주 카르디네 골목, 호텔, 식당　　　　　　　파리음악학교

합리적인 잣대가 가능했을까. 한 인간의 생명과 관련이 있어 언급하기 조심스러우나 작가의 행위는 작고 크게 페미니스트 작가의 중요한 근간이 되는 곳이라 이곳을 꼭 둘러보고 싶었다.

그녀가 당시 불법으로 낙태 수술을 했다는 건물이 어디인지 추측해보며 골목을 여러 번 기웃거렸다. 지금은 리모델링을 한 호텔이 있고 고기구이 레스토랑이 있다. 잃어버림과 욕망의 교차, 충돌 같은 묘한 감정이 인다.

하늘과 땅, 가깝고 멂, 격렬함과 유순함, 착함과 안 착함, 지순함과 불순함, 중심과 가장자리, 계급의 높고 낮음 등 여기저기 뚫어내야 할 막힘에 그녀와 관련된 이 좁은 골목길에 부는 도시의 바람은 어떻게 힘을 발휘할까. 인간이 지닌 숱한 본성, 경계의 불분명함을 바람에 맡긴다면 인간의 등을 토닥여줄까. 바람과 바람 사이에 비교와 시기, 질투를 끼워 넣어 밑바닥까지, 저 밑바닥 아래까지 밑그림을 그려보라고 한다면 어떤 모양을 그려줄까. 파괴와 생성, 또다시 소멸로 채색할까. 이런 본성을 안고 살아가는 인간에게 파괴만이 아닌 절제와 극복이 힘이 있음을 《칼 같은 글쓰기》로 날을 세워준 작가가 바로 그녀 아닌가. 비교로 고통당하는 인간의 모습에 나도 고뇌하며 골목길을 돌아 나와 카페에 앉았다. 오후라 커피 대신 오렌지 주스 한 잔을 주문했다.

물이 밀려오고 썰려 나간 자리처럼 칼 같은 붓끝의 뒤가 서늘하며 말끔한 이미지를 골목과 겹쳐본다. 《다른 딸》을 계속 읽어나가며 나는 어떤 딸로 무엇에 비교당하며 살아가고 있는가. 글쓰기에 대한 그녀의 말과 글은 너무나 디테일하고 냉철하리만큼 객관적 시선을 유지한다는 것에 그러지 못한 독자의 한 명으로 다소 부담이 가면서도 한 장 한 장 페이지를 넘긴다.

에르노의《다른 딸》은 편지글을 소설로 쓰면서 "할 말을 모두 다 했지만 과거를 넘어설 수 없다면 마지막 출구는 편지를 쓰는 것이다."라는 출판사의 의도대로 된 기획소설이다. 부칠 수 없는 편지를 혼자 간직하지 않고 왜 세상에 오픈했을까. 카페에서 마시고 있는 주스는 줄어드는데 내 궁금증은 늘어난다.

2. 서로 배척하는 단어들을 만들어내는 현실

어머니의 한마디가 에르노의 유년 시절을 블랙홀처럼 빨아들이고 집어삼켰다. 내면을 지배했던 언니의 존재에서 어떻게 빠져나왔을까. 온전한 자아를 찾아가려는 그 여정이 얼마나 고단했을까. 언니에 대한 글을 쓰면서 실체 없는 언니를 뛰어넘어 본래 자신을 되찾고 싶은 바람이 강해서 소설화했을까. "아마 나는 당신의 죽음이 내게 준 삶을, 이번에는 내 차례가 되어 당신에게 돌려주며 가상의 빚을 덜어내길 원했던 것 같아요. 아니면 당신과 당신의 그림자로부터 떠나기 위해 당신을 도로 살리고 다시 죽게 한 것일 수도 있어요. 당신에게서 벗어나려고, 죽은 자들의 오래 지속되는 삶에 대항해 투쟁하려고."(아니 에르노, 김도연 역,《다른 딸》, 1984BOOKS, 2021, p.89)

투쟁 속에서 자신을 찾아가는 몸부림을 엿볼 수 있는 대목에 나는 형제간 친구 간 동료 간 등 누구와 비교하며 비교당한 적이 언제였던가. 바로 그때, 내 옆자리에서 음료를 마시던 독일 청년이 전혀 모르는 나에게 자기 짐을 좀 맡아달라 하며 화장실에 갔다 오겠다고 한다. 잠시 후 돌아와 고맙다고 인사하며 이방인끼리 서로 대화를 주고받았다. 그는 프랑스어를 아주 기본적인 인사 정도로만 알아 영어로 조금씩 대화를 했다. 서로에게 말을 잘하느니 못 하느니 하면서 이 순간에도 비교하는구나 싶었다. 어쩌면 비교의 늪에서 한순간도 빠져나오지 못하고 사는 인간일 수도 있다.

아니 에르노, 부모님 손에서 한번도 내려놓아 지지 않을 것 같고 애지중지 사랑받는 외동딸이라고만 생각했다가 갑자기 모든 사랑이 한순간에 다 빼앗긴 듯한 생각이 먼저 들었을 것 같다. 게다가 실체 없는 언니에 대한 부모님의 마음은 성모님 급으로 성화하고 있으니 아무리 잘하더라도 거기까지는 도저히 안 될 것 같아 계속 방황하지 않았을까.

"60년이 지났지만 나는 여전히 '착하다'라는 단어에 걸려 넘어지고, 당신, 그리고 부모님과 연결하여 그 의미를 풀어보려 애씁니다. 이 단어의 의미가 번쩍이자마자 나의 위치가 일순간에 바뀌었으니까요. 부모님과 나 사이에 이제는 당신이 있어요. 보이지 않지만 사랑스러운 당신이. 나는 당신에게 자리를 만들어주기 위해 멀찌감치 밀려났습니다. 당신이 영원한 빛에 둘러싸여 하늘 위를 날아다니는 동안 난 그늘로 떠밀려갔지요. 무남독녀라 누구와도 비교당하지 않고 살던 내가 비교의 대상이 된 거예요. 현실은 서로 배척하는 단어들이 만들어냅니다. 더/덜, 또는/그리고, 전/후, 존재하거나/존재하지 않거나, 삶이나 죽음 같은 단어들에 의해"(위의 책, pp. 22-23)

설령 부모님이 실제로 살아있는 딸에게 온갖 사랑을 베풀더라도 화자의 감정은 지극히 주관적이고 매 순간 '잘해야 해, 잘해야 해' 하는 긴장 속에 헤매지 않았을까 싶다. 착한 언니, 착한 사람 콤플렉스로 인해 반항감도 생겼을 것 같다. '착한 언니, 착하지 않은 나'를 비교하다 비교에 침몰당할 것 같은데 화자는 이 비교라는 단어와 어떻게 화해를 할 수 있었을까, 어떤 방법으로? 아마 미친 듯이 글쓰기를 하면서 자신과 죽은 언니와 가족과 화해했을까.

3. 자신의 존재 이유 찾기

　이런 갈등 속에서도 에르노는 다음과 같이 말하면서 자신의 '존재 이유'를 찾아 나선다. "그렇다. 나는 믿는다. 내가 아무 이유 없이 세상에 온 것은 아니라는 걸. 그리고 내 안에는 세상이 묵과할 수 없는 무언가가 있다는 것을. (폴 끌로델 인용) 나는 당신이 죽었기 때문에 글을 쓰는 것이 아닙니다. 당신이 죽은 것은 내가 글을 쓰도록 하기 위함이에요. 여기에는 큰 차이가 있습니다."(위의 책, p.39)

　언니가 죽은 것에 슬퍼서 글을 쓰는 게 아니라 언니가 죽은 것이 글을 쓰게 만들었다고 말하면서 작가의 내면에 세상이 묵과할 수 없는 어떤 덩어리가 뭉쳐 있어서 폴 끌로델의 '존재 이유'를 인용한다. 자신의 '존재 이유'를 글쓰기에서 찾고 있다. 《칼 같은 글쓰기》 제목에서 유추해 볼 수 있듯이 칼처럼 그녀의 글이 예리하고 날카롭고 섬세하고 무섭고 때론 섬뜩하고 불안하지만 그럼에도 대부분 소설가가 쓰는 픽션과 같지 않게 '체험 위주의 소설, 오토 픽션'이라는 자기만의 독특한 장르를 굳건하게 지키며 '체험하지 않은 것은 쓰지 않는다'는 명제 아래 '에르노 문학'이라는 것을 창조해낸다. 결국, 죽은 언니와의 내적 싸움에서 나온 모든 감정과 인간의 근본적 심리 상태는 글쓰기의 재료, 소재가 되어 활화산처럼 열정을 뿜어내는 작가가 되었음을 독자의 한 명으로 인정한다.

　존재 이유를 글쓰기에서 찾지만 수시로 한계에 부딪힌다. 비교와 더불어 '질투, 집착, 불안' 심리도 맞닥뜨린다. "아이가 하나니까 가능하지, 둘이면 힘들었을 거야."라는 어머니의 이 말 또한 죽은 형제가 있는 경우엔, 받아들이는 강도가 다르고 감정의 스펙트럼 파장은 너무나 클 것 같다. 언니가 살았더라면 정작 본인은 이 세상에 존재하지 않을 거란 사실, 자신은 태어날 가치도 없고, 태어나지 않았을 것이고, 엄마가 자기를 임신했다면 자기는 뱃속에서 지워졌을 거라는 말이나 마찬가지다. 그래서 '존재'라는 것에 대해 근원적 질문을 하지 않을 수 없었을 것이다.

결국, 어떻게 보면 작가의 사유가 깊어지고 철학적 삶의 바탕이 탄탄해진 데는 어머니의 부정적 역할이 컸다고 볼 수도 있겠다. "침묵은 그들과 나, 우리에게 도움이 되었던 것 같습니다. 비밀이 나를 지켜주었어요. 가족 중에서 죽은 아이들을 숭배해야 하는 부담을 피하게 해주었으니까요. 그건 살아있는 자들에게 알 수 없는 비참한 마음을 안겨주었어요. 내가 분노했던 것이 바로 그것입니다. 내가 그 당사자였으니까요."(위의 책, p.54) 분노감을 섞어 불안을 표현한 대목이라 볼 수 있다.

번역서 뒷부분 신유진 작가의 추천사에서 언급된 존재론적인 표현에 수긍이 간다. "의심이 없던 시절의 '나'는 온전히 존재하지 않았던 것인지도 모른다. 존재하기 위해서는 인식하고 의심하고 발견하고 발견돼야 하니까. '당신'에 대한 비밀이 밝혀진 그 날에서야 비로소 존재하기 위한 '나'의 몸짓이 시작된다. '나'를 인식하고 '나'라는 존재에 숨어있는 '당신'을 의심하면서."라는 말이다. 에르노는 마침내 언니의 존재를 "이야기 속에서 태어나서 이야기 속에서 죽은 자"로 결론 짓고 싶어 한다. 책 제목《다른 딸》이 애초엔 에르노 자신이었다가 마지막엔 언니가 '다른 딸'이 되게 하는 장치를 만들었다고 볼 수 있을까. 자신을 '다른 딸'이 아닌, '그냥 딸'로 만들고 싶었을까. 이건 받아들이는 독자에 따라 '다른 딸'은 언니가 될 수도 있고, 에르노가 될 수도 있겠다.

'보내지 못하는 편지' '수신인 불명이 아닌 수신인 부재' '발신인만 있고 수신인이 없는 편지' 등 많은 수식어를 붙일 수 있는 작품.《다른 딸》을 추천한 신유진 님은 "나는 이 편지글이 기억의 합이 아닌 분리를 목적으로 두고 있는 것처럼 보인다. 찢어진 조각을 다시 붙여 이전의 작품들과 다르게, 묶여있던 것을 잘라내기 위한 투쟁, 겹쳐진 그림자를 분리하여 한 번 더 '당신'이라는 비밀을 밝히는 것, 비록 나의 그림자가 '당신'에게서 탄생한 것이라 할지라도 온전히 '나'이길 꿈꾸는 존재의 욕망이 아닐까"라고 덧붙인다.

4. 자기 객관화

나는 파리 17구 카르디네 골목길에서 개선문 근처 숙소까지 걸어왔다. 걸으면서 생각했다. 내일 그녀의 바다, 노르망디에 가는 날임을.

개선문

노르망디 해변

치열했던 상륙작전, 오마하 해변

전형적인 노르망디 주택

파리 고교 생물 선생님인, 이자벨과 같이 가기로 해 기차표를 예약해 뒀다. 노르망디에서 그녀의 책과 그녀의 바다를 겹쳐보고 싶어서다.

시간은 다시 바닷물과 함께 출렁인다. 수평선을 수놓은 파도의 결은 잔잔하다. 여름 바다의 격랑은 깊은 곳에 묻어뒀던 바다 내음을 수면 위로 밀어내며 코끝을 간질인다. 먼바다에 희고 큰 함선이 보인다. 이사벨이 영국 배라고 일러주어 영국과 바로 가까이 있음을 인지했다. 2차 대전시 연합군의 노르망디 상륙작전이 일어난 곳이 바로 이곳, 여기 내가 있다는 게 믿기지 않는다. 에르노의 바다에 있다는 게 신기할 따름이다.

작품 끝에 "나는 노르망디에 잠들어 있는 당신들 옆에 묻히지 않을 거예요. (…) 다른 딸, 그들로부터 멀리, 다른 곳으로 달아난 딸은 바로 나입니다."라는 말이 있다. 감정에 치우쳐 신파적인 요소라곤 일 획도 찾아볼 수 없는 대목이다. 철저히 냉정하고 자기 객관화가 된 구절이라 볼 수 있다. 노르망디에 묻히지 않겠다는 말이 노르망디를 잊지 못하고 늘 가슴속에 가족들을 품고 있겠다는 역설로 읽힌다.

에르노든 누구든 우리 인간은 고통의 바다에서 유영하다가 대부분 빠져 죽지 않고 헤쳐 나오며 물 밖으로 나와 그 바다를 보며 자기 객관화를 하는 존재라 할 수 있다. 에르노가 유년 시절부터 자기 객관화 훈련이 저절로 되었던 것은 자연스럽게 주어진 이 '고통의 바다' 덕분이 아닐까. 대부분 사람이 불안과 상처를 인정하고 받아들이면서 자신을 설득하고 자신의 감정을 정리해 나간다 해도 모든 아픔이 다 치유되는 것은 아니다. 문득, 불쑥 치솟아오는 감정의 파도를 주체할 수 없고 격랑에 휘말려 헤어나올 수 없을 때가 있는 것처럼. 에르노 또한 그러한 삶을 피해 갈 수 없었을 테지만 이 모든 삶의 파도와 파장을 '성숙'의 계기로 승화했던 바다가 바로 이곳이다. "내가 이 편지에서 추구하는 건 육신과 피와는 전혀 상관없는 당신의 부활이 아니었을까요?"(위의 책, p.56)라고 말했듯이 죽은 언니를 부활시켜 자신과 철저히 분리하고 '언니 없는 나'로 완전한 해방감을 얻었던 바다다. 그리고 세상과 언니와 가족과 합류했다가 배제했다가 소멸했다가 다시 합류한 그런 바다다.

유한한 삶의 한계를 지닌 인생에서 누워있든 앉아있든 묵직하게 가슴을 누르거나 어깨에 짐이 실린 듯 짓눌린 감정에서 나는 완전히 해방되어 살아가고 있는지 모르겠다. 그러면서 어떤 대상을 향해 애증의 감정에서 벗어나지 못하고 시간을 낭비하며 그 무게와 애증의 그림자에서 서성이다 매 순간 감정에 끌려가지는 않는지. 고통의 바다를 외면하고 잔잔한 파도와 한가로이 노니는 바닷새만 쫓으려 하지 않는지. 모든 감정을 꺼내 진솔하게 자신 또는 친구에게, 나아가 세상에 보여주는 작업을 할 준비가 돼 있는지, 나는 나 자신을 모르겠다. 감정의 찌꺼기를 털어버리고 온전한 나로 돌아오고 싶은데, 라고 속말을 하면서 《다른 딸》을 접는다.

　마지막 페이지를 다 넘기고 나니 이런 생각이 든다. '아! 칼같이 찌르네. 날 감정을 걸러내거나 숙성하지 않고 드러내면서 이렇게 솔직해도 되나. 참 독특한 작가다. 자기만의 명징한 시선, 자기 세계가 뚜렷한 개성파다.'라고 마무리한다. 독자는 몇몇 의문을 남기리라 여긴다. '소설이야? 수필이야? 자서전이야?'라고.

　나는 개인적으로 장르의 모호함에 대한 선입견이 시작부터 없었다. 그녀는 "글을 쓰는 것은 이름이나 사람으로서 흔적을 남기는 게 아니라 시선의 흔적을 남기는 것"이라고 말을 했기 때문이다. '나'가 중심이 되어 체험을 썼고 '기억에 내한 주관적인 시선'은 있으나 거짓과 허구를 쓰지 않았고, 비유와 은유로 유려하게 쓰려고만 하지도 않았고, 정제됨 없이 거칠게 날 것으로 써 때로 독자를 불편하게 할 수 있으나 그녀 말대로 그것은 덜컹거리는 지점 '허구 없는 나의 현실'이라고, 현실 반영을 문학적 목적으로 자신만의 문학, 에르노의 문학을 확실히 장르화 했기 때문이다.

　"세상을 향해 무언가를 던지고, 보이지 않는 것에 형태를 만들어 존재하게 하는 현상을 존재론적, 인문학적, 사회학적, 다각적으로 고찰하는 예리한 탐구자임을 여실히 보여주었다. 반감과 공감, 저항과 수긍을 거쳐 현실의 절박함을 대리인의 삶을 통해서가 아니라 화자의 입을 통해 다른 삶으로 건너가는 기적 같은 일을 창조해냈다. 그녀의 칼 같은 글쓰기는 작가 자신과 우리 모두를 찌른다. 자신이 속한 세상에서 분리되는 과정, 자신을 주체와 객체로 나누는 과정에서 독자도 분리되고 찢어지는 고통에 동참시키는 묘미를 갖고 있다. 칼에 손가락을 베인 사람을 보면 내 손가락이 욱신거리듯이 우리는 그녀의 글을 감각으로 느낀다. 살아낸 글, 살아서 건너오는 글, 그것이 바로 아니 에르노의 문학이 가진 힘이다. 우리를 찌르는 그녀의 글은 신경을 곤두서게 만들지만 찔러야 하는 곳을 정확히 알고 있다. 칼잡이의 칼은 사람을 살린다는 사실을 기억한다. 외과 의사의 칼이 그렇고 작가의 칼이 그렇다. 물론 두 칼이 가는 방향은 완전히 다르다. 한쪽은 아픈 부위를 제거 혹은 덜어내기 위한 것이고 다른 한쪽은 아픈 곳을 깨워 아픈 곳이 있었음을 혹은 있음을 잊지 않게 하기 위한 것이다."《빈 옷장》옮긴이, '신유진의 말'에서)로 그녀, 그녀의 문학, 그녀의《다른 딸》을 정리한다.

　일주일 후 다시 파리로 간다. 늘 내 마음이 바람 같아서 어디로 어떻게 흔들릴지 모르겠다. 그 모름은 언제나 내 삶의 연속을 의미하고 맥을 잇는다. 선한 바닷바람이 온몸을 훑고 지나갈 때 또다시 삶에 대한 욕구가 강하게 일어난다. 노르망디 해변 왼쪽 끝에서 오른쪽 끝까지 무심한 듯 나른한 듯 오후 내내 걸었다. 모래사장에 강아지와 함께 드러누운 사람들, 선텐이 아닌 구름텐을 하더라도 그들에게서도 욕구의 선한 꿈틀거림을 본다. 결박당한 자아는 흐물거리고 주어진 현실이 배척하는 단어를 만들고 밀어내더라도 인간의 모든 추함은 바다에서 겉돌다 파도 속에 침잠한다. 나는 내일 또다시 내게 불어올 바람을 기다린다.

처절한 정원의 석류는 애처로운가

– 미셸 깽Michel Quint의 《처절한 정원》

미셸 깽Michel Quint, 이인숙 역,
《처절한 정원》, 문학세계사, 2002

사람이 그리워 서성인다. 마음과 마음으로 이었던 온기와 사람 냄새 뿐 아니라 인간애는 더 그립다. 휴머니티 찾기는 모래사막 걷기만큼 힘들고 밀림 속 바람결 잡기만큼 어려운가. 사람도 자연도 기다려진다. 인간애는 자연애에서 나올 수 있고 자연은 그 근원이 될 수 있다. 떠나자. 강원도, 양양행 고속버스에 올라탔다. 3시간 걸려 도착한 곳은 전화와 문자가 안 되는 깊은 산속, 소나무 정원이다. 개인의 영달이 아닌 예수님의 삶을 본받아 인류를 위해, 세상을 위해 기도와 수행 정진하는 신부

님들의 집, '오상영성원' 수도원이다. 올곧고 청렴함, 지조와 절개를 지닌 속성을 한눈에 느끼는 것은 물론 하늘 향해 죽죽 뻗은 소나무 숲에 들어오니 갈급했던 내 심중에 강렬한 힘이 뻗는다. 소나무 속성을 생각하는 순간 또 하나의, 인간의 본성을 읽게 된다. 거친 껍질 사이사이 숨겨둔 착한 본성, 인간에게 주기만 하는 소나무처럼 흐트러짐 없이 베푼 그 미덕을 볼 수 있다. 한 인간의 아름다운 모습이 껍질 속에 감춰있다가 봄기운에 힘입어 가지마다 솔향, 인향을 내뿜는 것 같다. 겹쳐지는 책 한 권이 떠오른다.

1. 2000년에 출간, 전 세계에 파문을 던진 역사소설

프랑스 소설가 미셸 깽Michel Quint의 《처절한 정원》이다.

소설의 중심인물은 화자인 나, 틈만 나면 피에로 분장을 하고 어디서든 공연을 하는 아버지, 가스통 삼촌, 역 폭파를 했다고 거짓 진술을 한 전기공과 그의 아내, 그리고 독일군 비키다. 눈물이 나고 공포심을 느끼게 하면서도 웃음을 주는 따뜻한 인간애를 펼친다.

소나무 품성에 양심까지 올바른 주인공은 피에로로 분장한 화자의 아버지다. 역사 속 치명적 상처를 어떻게 도려내고 치료하는지를 직간접적으로 보여준 전기공과 독일군 비키, 그들의 진정성 있는 말과 행동 또한 눈여겨볼 필요가 있다. 내가 서 있는 바로 옆 소나무가 줄거리를 일깨우듯 말을 건다.

"나폴레옹이 서유럽을 제패한 역사가 있었다면 프랑스에도 부끄러운 역사가 존재했다는 걸 알고 있지?"

"그럼 알다마다! 2차 세계대전 중 프랑스가 나치 독일에 점령당한 후,

1940년~1944년까지 패탱을 수반으로 한 독일 꼭두각시 정권, 프랑스의 친독 정부인 비시 정권이 있었지. 행정부가 파리 남쪽 휴양지 비시에 설치되었던 치욕적인 역사였지."라고 답한다.

이 소설 배경은 법정이다. 비시 정권에서 그야말로 독일 꼭두각시 노릇을 한 전범자, 1590여 명의 유대인을 체포하여 죽음의 아우슈비츠 수용소로 보낸 모리스 파퐁의 재판이 있던 보르도 법정이다. 죄지은 자를 심판하는 법정과 상반되는 곳, 그들을 위해 기도하는 수도자들의 수도원에서 소나무 숲을 비집어가며 소설 줄거리를 꺼내본다. 겨우내 마른 가지들은 아픈 역사의 곁가지인양 잘려나가 말끔히 정돈돼 있다. 나무가 말을 할 수 있다면 인간처럼 거짓이나 폭언도 할 수 있을까. 선과 악을 구별하는 훈련이나 식별 방법을 배우지 않고도 말문을 착하게 여는 나무일 것이다. 인간이 말 이상을 말하는 나무가 있어 큰 위안을 얻는다. 입으로 할 수 없는 말을 분장한 얼굴로 연기를 하면 그 분장 자체가 말을 대신하는 셈이 될까.

미셸 깽이 분장시킨 화자의 아버지라면 충분히 가능할듯하다. 실제 작가의 어린 시절 이야기이고 가족사이기 때문이다. "그는 1949년 프랑스 파리 근교 빠 드 갈레에서 태어났다. 1970년대 말, 릴르 대학에서 문학을 전공하고 본격적으로 글을 써 20여 권 이상의 책을 출간했다. 주로 탐정소설을 썼으며 대표작으로《밝힐 수 없는 유언(1984)》이 있고《층계에서의 당구(1989)》는 탐정소설 대상을 수상하기도 했다."라고《처절한 정원》의 옮긴이, 이인숙이 그의 연보를 간단히 정리했다.

2000년에 출간한《처절한 정원》은 그 이듬해 출판계를 뒤흔들 만큼 대성공을 거둔, 역사가 담긴 일종의 역사소설이라 할 수 있다. 짧은 소설이나 1년간 베스트셀러 자리를 놓치지 않은 기염을 토했다. 신문이나 잡지 등에서 "훌륭한 작품이다. 기가 막히게 뛰어난 작품이다"라고 평가하고 또 전 세계에 번역되어 팔렸을 뿐만 아니라 한 때, 영화로 만들기에 가장 좋은 작품이라는 명성을 얻기도 했다.

제목《처절한 정원》이 처음엔 처절한 말로 다가오더니 곧 소나무 정원의 벤치가 되어 나를 기다리고 벤치 위에 나를 앉힌다. 왜 하필 처절한 정원인가? 궁금증에 답이라도 하듯 수선화, 진달래, 산수유는 나와 눈을 맞춘다. 정원은 역사이고, 그 역사는 피에로에게 목소리를 얹히고 화려한 피에로 분장은 슬픔의 역사, 속죄의 향기, 희생의 몸짓이 되어 독자의 정원으로 들어온다고.

벤치에 앉아 바라본, 산속의 또 하나의 산이 액자 속 풍경 같다. 이야기 속의 또 다른 이야기 같은, 소설 구성 방식을 액자 속에 끼워 넣어 본다. '법정–전쟁 중의 사건 이야기– 다시 법정' '현재– 과거– 현재'의 입체적 구성은 단조롭지 않아 읽는 즐거움은 덤이다. 법정 이야기로 시작해서 전범자가 왜 재판을 받는가. 나치 독일 아래 프랑스인의 레지스탕스 활동 중 본의 아니게 역을 폭파하게 되고, 진범 대신 무고한 사람이 죽게 되고, 역 폭파범 중 한 명인 아버지의 양심고백 같은 이야기와 전쟁 당시 상황이 펼쳐진다. 그리고 다시 법정으로 돌아온다.

울타리 안 아버지의 정원은 꽃 하나 없는 무채색의 정원이 아니었다. 죄책감만으로 얼룩지지도 않았다. 인간의 삶과 존엄을 파괴하는 전쟁은 비참한 삶을 우리에게 남겨놓으나 그런 와중에도 가슴 절절히 파고드는 사랑이 있고 잘잘못의 주인공이 누구인지를 떠나 누군가의 속죄가 있고, 묘사할 표현이 없는 가슴 벅참이 있다. 그의 어릿광대 몸짓에서 독자는 무엇을 끄집어내고 인간이 지닌 본성 중 무엇을 들추어내야 하는가. 처절한 정원에 쳐진 울타리를 어떻게 걷어내는가. 이 소설의 핵심 질문이 아닐까 싶다.

　소설 속 화자가 어렸을 때, 아버지는 교사라는 직업이 있는데 틈만 나면 피에로 분장을 하고 왜 어릿광대 행동을 하며 헤픈 웃음으로 비웃음거리가 되어 살아가는지? 아버지가 그렇게 부끄러울 수가 없었다고 했다. 상상해보라. 화자의 심정과 반대로 웃음이 절로 난다. 피에로! 빨강 코에 입도 뻘겋게, 얼굴은 온통 하얀 분칠로 덕지덕지, 화장은 엉터리, 너덜너덜한 광대 옷에 빨간 고깔모자를 쓴 어릿광대!

　'왜 그는 피에로가 되고 싶었을까?' '분장으로 부끄러움을 가리고 싶었을까?' 이 물음은 의문의 빈칸이 되어 화자가 평생을 채워야 하는 숙제가 되었을지도 모른다. 어린 시절, 피에로를 보면서 우울, 절망, 슬픔, 수치심 등 숨길 수 없는 감정이 들었고 분칠한 피에로의 새하얀 얼굴을 더는 보고 싶지 않았다는 기억만 있다고 했다. 이해 안 된 아버지였지만 조금씩 어렴풋이 이해해가기 시작한 것은 소설 중반부쯤이다. 세상에서 가장 슬픈 어릿광대가 "일부러 스스로 학대함으로써 자신이 저지른 밝힐 수 없는 죄를 용서받으려고 하는 것 같은 인상을 풍겼다"라는 말과 함께 아버지와 산촌의 괴기 이야기가 벌져지며 가스통 삼촌이 처절한 정원에 대해 전해주는 이야기에서부터다. 정원의 처절함에 어떤 의미부여를 해야 할까?

2. 처절한 정원 혹은 석류의 표상

　땅에 뒹구는 나무 조각들도 내 질문에 동참하는 듯 궁금해하다가 침묵을 지킨다. 죄책감보다 더 무거운 본성이 읽히더라도 이해하라는 신호인가. 죄책감으로 쓰러졌다 일어났다 무너지더라도 그의 삶 속 진정한 의미가 무엇인지 되짚어보며 길옆에 꽃을 피우려 몸부림치는 엉겅퀴와 금계국에 내 마음을 슬쩍 흘리고 지나간다.

비시 정권하에 아버지와 삼촌은 레지스탕스에 가입했는데 '두에역' 변압기를 폭파하라는 명령을 받는다. 변압기 폭파에 성공한 그들은 범인으로 지목되기보다 동네 청년 두 명과 함께 독일군의 인질로 잡힌다. 자수하지 않으면 인질을 죽이겠다는 위협이다. 그때 역에서 근무하다 큰 화상을 입은 한 전기공이 자기가 저지른 범행이라고 거짓 진술을 한다. 폭파로 인해 역에 있던 전기공이 생명이 위태해지자 세상을 떠나기 전 뜻깊은 일을 하겠다고 부인에게 말한다. 부인이 남편의 뜻을 받아들여 독일군에게 가서 남편이 폭파범이라 고발하고 남편도 자기 소행이라며 자백한다. 전기공이 총살당하고 그들은 풀려난다. 아버지와 삼촌을 살려낸 것이다.

뒤늦게 사실을 알게 된 아버지와 삼촌은 이 아이러니하고 뒤바뀐 삶과 죽음을 어떻게 받아들였을까. 사건의 극적인 변화를 가져오는 대목이다. 전쟁만 없었더라면, 나치 독일만 없었더라면, 비시 정권하의 꼭두각시 노름만 없었더라면, 레지스탕스도 폭파도 없었을 텐데…. 단순 가정만큼 단순하지 않은 게 역사 속 슬픔이다. 그 이후 아버지의 삶의 엄청난 변화는 당연하다. 누군가의 죽음을 딛고 생명을 이어가는 삶이란? 죄책감과 양심의 소용돌이에서 한순간도 자유롭지 않았을 아버지. 내적 갈등의 절정에서 마음의 빈 땅을 옥토로 일구어내려 했을까. 왜 하필 피에로 분장이었을까?

독일군 보초병 비키의 행동을 살펴보면 아버지의 피에로, 피에로 아버지에 대한 궁금증이 풀린다. 죽음의 공포에 내몰린 네 명의 인질에게 윽박과 위협이 아니라 바보 같은 행동으로 웃음과 희망을 주었던 비키다. 나치 독일군이라고 다 나쁜 인간은 아니었나 보다. 오히려 인질 네 명 중 누가 죽을지 제비뽑기라도 해야 한다고 의논하는 소리를 듣고 그는 "죽고 사는 일을 타인의 손에 맡기거나, 다른 사람의 목숨을 빼앗는 대가로 자신이 살아난다면 인간으로서 존엄성을 포기하는 것이고, 악이 선을 이기는 것에 동의하는 것이라고 생각하네. 악의 편에 있는 독일 군복을 입고 있는 나 자신이 부끄러울 따름이야"라고 말한다. 독일이 인류에게 저지른 죄에 대해 양심의 분별없이 무조건 가담하고 있는 비키가 속죄 차원에서 생각해낸 방법이 어릿광대 노릇을 하며 웃음을 주는 일이었을 것이라는, 그의 생각과 행동을 봤기 때문이 아닐까 추측해본다.

내 생각이 슬픔에 젖었다가 울컥한 감동에 눈가가 촉촉해 옴을 아는지 한 줌 바람이 불어와 내 눈가와 뾰족한 나뭇잎들을 휙 훑고 지나간다. 인류가 저지른 죄를 본인의 죄라 여기고 그 빚을 갚으려 희생과 봉사, 불굴의 의지와 내적 의무감에 충실했던 아버지. 그의 양심이 비바람에도 꺾이지 않을 저 소나무와 닮았다고 하면 무리일까. 결국은 인류에게 진실을 규명하고 희망을 주려는, '진실과 희망'의 마중물 역할을 하고 싶었을 것이다.

역사가 슬프지만 않은 데는 시간이 결코 헛되이 흐르지 않는다는 것이다. 전범자를 밝혀내지 않고 전후에도 행정장관, 경찰국장, 예산장관 등 중요 요직을 맡고 떵떵거리며 버젓이 호화롭게 생을 마감하게 놓아두지 않는다는 것이다. 소설 첫 부분에 화자가 "이 세상에 진실이 존재하지 않는다면 어떻게 희망을 가질 수 있겠는가? 과거에 대한 기억을 잊어버린다면 어떻게 미래에 대한 희망을 가질 수 있겠는가?"라고 한 말처럼 진실이 존재하고 과거를 잊지 않는 한 시시비비는 반드시 가려지고 희망은 남게 된다는 것일 테다. 이 두 문장은 독자를 강렬하게 압도하며 억울하게 누명을 쓰고 죽을 위기에 서더라도 진실은 언젠가는 밝혀진다는 강한 희망을 주는 문구이다. 책을 손에서 놓지 못하게 하는 영민한, 기술적 장치를 해놓아 자꾸 이 문장을 되새기게 한다. 또한, 이 문장엔 소설의 핵심 키워드가 담겨있기 때문이기도 하다. 독자의 감정선을 관통하는 촌철살인의 문구로 어떤 독자든 역사의 본질에는 진실이 존재한다는 것에 수긍할 것 같다.

"40년간 지하에 묻혀있던 그의 범죄는 영원히 묻히지 않았다. 당시 아우슈비츠로 보내졌으나 기적적으로 살아남은 한 역사학자, 마이클 슬리틴이 그의 반인륜적 범죄를 낱낱이 증언한 덕분에 진실이 밝혀지고 그를 법정에 세우게 되었다는 것"을 역자는 말한다. 정말 놀랍고도 기적 같은 일이기에 전 세계가 흥분했던 사건이었다.

흥분했던 나도 잠시 감정을 가라앉히고 소나무 숲 거닐기를 이어간다. 텃밭을 지나 조금만 걸어가면 작은 산 한 곳에, 예수 고난의 길을 형상화해 놓은 '십자가의 길'이 있다. 이 길을 걸으니 인간의 죄를 위해 죽은 예수님의 죽음이 새롭다. 어쩌면 나도 모르게 지을 수 있는 잘못을 누군가가 나를 위해 속죄하고 희생을 할 수도 있겠구나. 누군가가 떠안은 모욕을 초연히 숙연하게 담담히 생각하게 해주는 길이다. 내 마음에 동의하듯 십자가의 길에 세워진 예수님상 둘레에 아름드리 서 있는 솔가지들도 운율을 맞추듯 산들바람에 몸을 흔든다. 인간의 본성에는 악함과 선함이 공존한다는 것이 읽히는 대목이다. 십자가 죽음을 형상화해 놓은 곳에는, 그 흔한 들풀도 없고 소복을 상상케 하는 하얀 버섯만 눈앞에 아른거린다. 심산유곡에서 들리는 슬피 우는 산새와 순례객인 나만 구슬픈가.

전범자의 나쁜 본성과 아버지의 착한 본성이 대조되며 분장의 모습이 엇갈린다. 반인륜적이고 패륜적 행동을 한 전범자. 그가 분장했다면 그것은 가면이고 가림막이고 이중성의 힘이었을 것이다. 수용소로 보내졌던 희생자, 그 가족들의 끊임없는 고발을 우습게 여기듯 "공복으로 거역할 수 없는 명령을 따랐을 뿐"이라며 궤변을 늘어놓은 그에게 분장은 악마의 탈인 셈이다. 국가 차원의 응징과 나치의 반인륜적 처벌에는 시효가 없다는, 프랑스의 단호함에 그는 감옥에서 생을 마쳐야 할 운명을 피할 수 없었다.

반면 착한 본성의 피에로 분장을 한 아버지. 그에게 분장의 의미는 무엇인가? 자신의 양심을 지키기 위해 분장을 하지 않으면 스스로 수치스러웠을까. 괴로움을 감내하고 자신을 희화화하면서까지 살아야만 했던 그. 일부러 저지른 잘못이 아니고 고의성이 없더라도 결과에 따라 수긍하며 그 잘못에 대한 책임을 질 줄 아는 아버지. 목숨을 빚진 아버지는 평생 자신의 빚을 갚아도 모자란다고 하는 인간애는 눈물겹도록 아름답다.

아폴리네르의 시 인용에서 "우리의 처절한 정원에서 석류는 얼마나 애처로운가! 암암이 붉게 익은 석류는 금방 터지기 쉽다. 석류 알알이 서로의 잇몸을 맞대고 버티고 있으나 톡, 하면 금방 으스러지고 말 듯 위태롭다"라고 한 것처럼 아버지의 인간애는 처절함과 애처로움을 통과해낸 가장 품위 있는 휴머니티가 아닐까.

이제 화자의 정원도 처절하지만은 않을 것이다. 아버지 스스로 짊어진 부끄러움을 말끔히 씻어주고 닦아주고 싶음과 그것은 수모이고 자존심 상할 일이 아님을 공감했으리라. 왜 틈만 나면 무대에 섰는지를 알게 되었으리라.

아름다운 가족 이야기를 넘어 독자 또한 역사를 반추하고 역사 속으로 들어가 보는 기회를 획득한 소설. 화자가 전범자의 재판에 참석하는 것으로 시작해 화자 역시 아버지로 빙의해 피에로 분장을 하고 재판이 열리는 법정으로 들어가려다 제지당해 밖에서 재판이 끝나는 것을 본다. 그리고 아버지처럼 '어릿광대 노릇'을 하며 무고하게 죽은 자들을 대신해 그들의 이름으로 다시 태어나겠다는 각오를 남기며 소설이 끝난다.

소나무 숲을 걸으며 한 발 한 발 스토리를 이어가 '걷는 소설'로 다시 읽었다. 내내 쓰라린 아픔과 질긴 슬픔을 느끼다가 인류를 구하려는 인간애에 나 또한 구원받은 느낌이 들어 피에로의 웃음에는 숭고함과 거룩함이 있다고 결론 내리며 작은 산을 돌아 수도원 입구로 돌아왔다.

"지구 전체를 흔든, 짧고 아름다운 역사와 상상의 콜라보, 우화 같은 소설"이라고 역자가 평한 것에 공감한다. 1999년 전 세계의 주목을 받았던 전범자 모리스 파퐁의 재판에서의 처절한 이야기일 것 같은데 반전이 있어 더욱 사랑받은 책이다. 2차 대전 당시, 처절한 상황 속에 있었던 한 가족의 아름다운 휴머니티가 깃들어 있어 그렇다. 소설의 줄거리가 세계 역사와 접목되어 있어 흥미롭다는 내 견해다. 제목에서 '처절한'이라는 형용사가 들어있어 처절한 '몸부림, 사랑, 복수' 등이 뒤따라 올 것 같은데, '처절한 정원'이라니, 아폴리네르의 시가 없었다면 무슨 제목을 달고 세상에 나왔을까? 몹시 궁금하다. 화자도 한 문장씩 써 내려가며 아버지 삶을 발판으로 자신의 삶을 완성해 갔으리라. 그의 처절한 정원에도 햇빛과 달빛의 온기와 밝음을 비추고 정원 안의 젖어있던 모든 슬픔을 걷어냈으리라. 분장 걷어치우기를 기다림과 분장하지 않으면 안 되었던, 둘 사이 인식의 경계 또한 무너졌으리라. 가면 혹은 탈을 쓴 이미지와 맞물리는 분장. 풍자소설은 아니나 요소요소 일종의 풍자와 해학 측면이 조금 있어 보인다.

3. 홀로코스트 소설의 전범

문학의 네 가지 미적 범주인 비장미, 숭고미, 골계미, 우아미에서 어찌 보면 네 가지 요소가 다 보인다고 해야 할까. 물론 소설평에 누구도 나처럼 생각하는 사람은 없겠지만 독자는 백인 백색, 받아들이는 게 모두 다르다. 역사학자에 의해 전범자의 과거가 파헤쳐져 결국엔 처벌을 받게 되는 이야기로 다소 무거우면서도 비장미가 엿보인다. 통쾌함도 있다. 전기공의 죽음을 딛고 삶을 허용받은 아버지. 모르는 사람에게 고귀한 자기 생명을 던진 전기공. 아버지는 한순간도 그의 죽음이 헛되지 않기를, 헛되어선 안 된다고, 양심이 이끄는 도의적 책임과 인류의 책임을 지는 숭고미를 엿본다. 인질로 잡혀 구덩이에 갇혔을 때 등장인물의 입을 통해 말한 독특하고도 유머러스한 작가의 문체는 무겁기보다 다소 해학적 골계미가 엿보여 더욱 인상적이었다. 무거움과 가벼움의 순환적 문체 도입은 한층 재미를 더하고 시부함을 덜어낸다. 광대분장을 해 자신이 조롱받더라도 사람들을 웃겨 한 명에게라도 행복감을 주며 속죄하려는 착한 본성의 아버지. 아버지의 행위에서 숭고미, 우아미, 비장미, 골계미까지 연결 지어 감상해보니 입체영화를 한 편 본 듯 뿌듯하다. 끔찍한 죄를 짓고도 양심과는 무관하게 버젓이 전후에 세상에서 누릴 모든 걸 다 누리고 양심의 가책 하나 없이 뻔뻔하게 살아가는 전범자의 나쁜 본성과의 대비가 백미 중 백미로 꼽힌다. 심리학적으로 보면 우리 인간 안에 내재한 양면의 본성을 한 번 생각해볼 여지도 남겨놓아 좋았다. 독자에게 생각할 밭 한 떼기의 여백을 허용한 미도 읽혔다. 전범자처럼 이렇게 사악하고 끔찍하지는 않더라도 그 비슷한 안 좋은 부류의 나쁜 본성, 즉 시기, 질투, 교만, 그 외 부정적 요인 등 인간이 지닌 에덴동산의 핑곗거리와 같은 그런 마음을 사유하고 천착해볼 수 있게 만든 작품이라 개인적으로 참 훌륭한 소설이라 생각한다.

소설을 읽고 나면 일종의 '홀로코스트 문학'이라는 생각이 얼핏 들기도 한다. 치욕이 담긴 역사적 사실을 엉거주춤 넘어가지 않고 명명백백 죄를 밝혀낸 점이 돋보인다. 나치의 아우슈비츠 수용소와 고통을 넘어선 인간의 행위, 그 통찰력을 이어 생각해볼 수 있어서 그렇다. 그리고 또 하나 짚고 넘어갈 것은 부끄러운 역사를 인정하고 사과한 독일이 있다면 우리에게 만행을 저지른 일본은 사과는커녕 억지 궤변만 일삼고 반민족적 반인륜적 범죄에 대한 청산이 왜 이루어지지 않는가. 소설을 통해 유럽과 프랑스가 전범자 청산을 한 과정을 벤치마킹해 우리의 역사도 그 부분을 해결해야 할 것을 간과해서는 안 될 것 같다.

질문을 던지고 싶다.

- 지금이라도 친일파를 색출해 처벌해야 할까? 화합의 리더십으로 통 큰 용서를 해야 할까?
- 누가 나의 불행을 딛고 행복한 삶을 누리고 있다면 어떻게 사는 게 가치로운가? 불행의 발판이 되어준 사람의 입장과 행복을 누리는 사람으로서의 입장, 양쪽 입장이 다 되어보고 자신에게 답을 한번 내어 보면 어떨까?
- 인간이란 무엇인가? 참된 인간이 되려면 소설에 등장한 인물 각각에서 어떤 요소를 본받고 싶은가?
- 옳고 그름을 선택하고 선택 결과에 책임을 지는 고유한 인간의 자유

의지가 있다면 등장인물이 선택한 자유는 바람직했는지?

　다시 소나무 숲 벤치에 앉는다. 전쟁이든 전쟁에서 비롯된 모든 여파의 행위든 이런 것이 다 인간의 욕망, 욕망의 무질서에서 비롯된다는 생각이 떠나지 않는다. 굴곡 없는 나무의 모습은 인간에게 많은 것을 시사한다. 수도자들의 기도 소리와 함께 이 소나무들도 매일 무릎 꿇고 합장하며 기도에 화음을 맞추지 않았을까. 피에로 분장에 애착을 가졌던 아버지의 삶도 자신은 물론 가족과 이웃, 관객과 친구, 세상을 위한 기도이자 수행 정진을 위한 몸부림이었다고 말하고 싶다.

　발아래 이름 모를 벌레 한 마리 폴짝, 지나간다. 드높은 하늘은 푸르고 창창하여 나도 하늘이 되고 싶게 하고 살랑이는 바람은 나도 한 줌 바람이 되고 싶게 한다. 내 머릿속 처절한 정원을 접고 나도 하늘이고 바람이 되고 싶어 기도하는 집으로 발길을 옮긴다.

야생의 바다, 고립을 일깨우다

– 미셸 투르니에Michel Tournier의 《방드르디, 야생의 삶》

미셸 투르니에, 고봉만 역,
《방드르디, 야생의 삶》, 문학과지성사, 2014

해파랑 34길! 남양 3리의 11월 배추밭, 초록 옷을 입었다. 장미꽃, 강아지풀, 국화꽃은 바닥이 차가운지 기침하듯 몸을 흔든다. 앞에 보이는 '망운산'은 새로운 것에 대한 잰걸음을 재촉한다. 마음이 급해지자 길을 잘못 들었다. 길 없는 길이다. 앙상한 나뭇가지와 물기를 뺀 억새를 비집고 1시간 반가량 산길을 헤매다 겨우 해파랑길을 만났다. '우째 고개'가 두 길이 만나는 곳이다.

언덕 아래 멧돼지 한 마리 누워있다. 죽은 것 같기도 하고 잠자는 것 같기도 하다. 벌떡 일어나 나를 노려볼지도 모를 일. 돌멩이 하나 던져 보고 달음질칠까, 하는 순간 엽사가 나타났다. 죽었으니 안심하라고. 휴, 온몸이 축축하다. 숨은 햇살은 빠끔히 고개를 내밀다 여러 갈래 빛으로 부서진다. 한숨을 돌렸으나 아직도 머리가 쭈뼛 선다. 망상해변까지 5.5km 팻말이 보인다. 삼척김씨 열녀문, "동창이 밝았느냐 노고지리 우지진다…"의 남구만 선생 시비, 남평 문씨 효자문 효자각을 지난다. 드디어 망상해변이다.

한산한 늦가을 바다, 센 파도의 잔해는 내 몸 여기저기 물기를 흩뿌린다. 조금 전에 본 멧돼지 공포 때문인지 혼자라는 마음이 부서진다. 부러진 나무 조각, 우유갑, 병 조각, 검정 비닐봉지 등 널브러진 쓰레기가 엉켜있다. 괴물 같은 물체가 나를 물끄러미 본다.

바람결이 온아하다 거칠어진다. 망상해변에 고립되어 망망대해에 갇힌다. 먼바다 한가운데 동그마니 떠 있는 나를 상상한다. 태평양 외딴섬에서 고뇌 어린 모습으로 섬을 배회하던 로빈슨 크루소가 목 빠지게 누군가를 기다리는 모습도 이럴까. 난파자 로빈슨과 외딴섬 이야기의 새로운 모험기, 프랑스 철학자, 미셸 투르니에 소설 《방드르디, 야생의 삶》의 '방드르디'를 불러오고 싶다.

주인공 로빈슨이 등장하는 표류기 원작은 영국 소설가 다니엘 디포(1660~1731)의 《로빈슨크루소》지만 비슷한 이야기를 다룬 일종의 아류작이라 할 수 있는 윌리엄 골딩의 《파리 대왕》, 존쿠시의 《포》, 미셸 투르니에의 《방드르디, 야생의 삶(1964)》 등이 있다. 그중 미셸 투르니에의 표류기에 끌리는 이유는 원조 작가 다니엘 디포와 조금 다른 관점, 즉 '철학의 개념을 소설 형식으로 썼다'는 것이다. 누구나 다 아는, 우리에게 친숙한 이야기를 작가만의 시선으로 새롭게 전개해 독자에게 여러 질문을 던진다.

　작가는 데뷔작인 이 작품으로 1967년 아카데미 프랑세즈 소설 대상을 수상하고 1970년 《마왕》으로 콩쿠르상을 수상했다. 신화와 고전을 바탕으로 '인간의 본질 탐구'에 관한 작품을 써서 유럽의 지성, 위대한 작가로 칭송받아 왔다. 대표작으로 《황야의 수탁》, 《피에로와 밤의 비밀》, 《사랑의 야찬》, 《푸른 독서 노트》 등이 있다.

　눈 앞에 펼쳐진 해변도 내 시선을 새롭게 정화해줄 것인가. 오후 내내 걸어야 할 길에서 무슨 일이 펼쳐질지 나도 모르고 겨울 길가에 자리 잡은 들풀도 모르긴 마찬가지다. 예측할 수 없는 들풀은 당황한 듯 몸을 기울다가 서로를 탐색하느라 바쁘다. 바다 비둘기 서식처에서 새들이 용변을 본 흔적, 하찮은 미물마저도 신기하게 보이도록 하는 고립감이 낯설지 않다. 타인의 존재를 생각해본다. 인간의 근본적인 고독에 진정한 위로자, 치유자로서의 타인이 가능할까. 오랫동안 문명 속 혜택을 누리던 로빈슨이 갑작스레 맞닥뜨린 고립을 어떻게 받아들였을지, 이야기 속으로 빠져든다. 고독에서 오는 힘듦은 정신과 영혼을 맑게 해주려나, 태양도 발걸음 중단하지 않고 쉼 없이 나를 비춘다.

　로빈슨이 혼자임을 인지한 순간, 다시 문명 세계에 비끄러매려고 '탈출 호'를 만들려 했던 시도가 옳았든 틀렸든 문제가 아니다. 죽을 것 같은 공포심 앞에서 실낱같은 희망을 얻으려는 인간의 본성은 틀리지 않았다. 고독을 메워줄 무언가를 낚기 위해 그물을 치고 하염없이 기다려도 무의미하지 않다. 섬과 바다의 비밀을 가득 길어 올린다 해도 탈출 호에 무엇을 실을까는 중요하지 않을 것 같다. 방드르디가 눈앞에 나타났을 때의 로빈슨 심정으로 나도 지금 그 어떤 것에 마음이 가지 않고 오로지 내 옆에 누가 있으면 좋겠다는 생각뿐이다.

무인도에서 더불어 삶을 체험하며 로빈슨의 편견과 시선 변화에 혁명이 왔듯이 내가 큰소리쳤던 고독의 길에 흠집을 낼만큼 타인의 존재가 다급하다. 찬바람이 고요를 깬다. 느릿한 고독 맛보기, 외롭지 않고 고독한 인간 되기, 짙은 고독 위 길의 풍경 만끽하기 등은 겨우 상상의 서막일 뿐이라 하며 무수한 감정을 썼다가 지우기를 되풀이한다. 철학자의 표류기가 내 고독의 깊이와 넓이를 확장해주고 조금 전까지만 해도 멋 부림 같았던 말장난이 진정한 고독으로 정의 내려 주길 기대하며 해파랑길을 계속 걷는다.

미셸 투르니에는 인간의 근본적인 고독과 고립을 어떻게 볼 것인가에 대해 질문을 던졌다. 그래서 사람들이 평가하기를, 로빈슨 모험기 중 가장 원조와 닮았다고 하면서 가장 다른 이야기를 전개했다는 평이 지대하다. 전개 과정에서 눈여겨볼 주요 키워드는 원주민 '방드르디'의 나타남이다. '방드르디 이전의 세계'와 '방드르디 이후의 세계'로 나누어 볼 수 있다. 방드르디를 만나기 전까지 로빈슨의 삶은 아무도 없는 외딴섬에서 절대 고독 속에 있었고, 오로지 그의 목적은 무인도에서 벗어나는 것이었다. 방드르디를 만닌 이후의 삶에서 가장 큰 변화는 로빈슨이 처한 고독의 문제를 해결할 수 있는 타인이 생겼다는 것. 문제는 타인이라는 존재가 있기만 하다고 해서 외로움을 해결할 수는 없다. '함께, 더불어, 같이'가 잘 조화를 이룰 때 '타인'의 존재 의미가 유효하다. 방드르디와 같이 살기 시작한 초반의 로빈슨 행동에는 '고독, 고립, 타인'이라는 단어를 무색하게 했다.

'방드르디(vendredi)!' 이름 자체만 봐도 사람에게 붙일 수 있는 이름이 아니라 '금요일'이란 뜻으로 사물이나 어떤 대상에게 붙일 수 있는 이름이다. 그것은 원주민인 방드르디를 애당초 사람으로 봤다기보다 일을 부릴 수 있는 노예처럼 지배할 대상으로 여겼고 그에게 권위를 행사하며 섬을 통치하려 했다는 것이다. 그러나 로빈슨 뜻대로 모든 게 잘 풀리지는 않았다. 방드르디의 순진성이 지배와 권위를 우습게 만들어버렸기 때문이다. 강압이나 억지로 타인과 함께하면 옆에 있으나 더욱 외로워진다는 것을 깨닫는 데는 시간이 필요했다.

눈 앞에 펼쳐진 푸른 바다의 끝이 더 멀다고만 느껴진다. 바로 이 순간, 여긴 로빈슨의 태평양이 아니라고 고개를 젓는다. 망상해변이라고 말할수록 문명과 멀어지고 방드르디 언어와 원초적 삶에 다가간다. 때 묻지 않은 순수와 문명의 흔적 하나 없는 야생의 맛이랄까. 그 맛에 점점 취하고 방드르디에 빠져든 로빈슨도 서서히 섬 생활에 적응하며 변화하기 시작하는 장면이 떠올라서 그럴까. 방드르디를 노예 아닌 동등 관계의 친구로 인정하는, 아름다운 광경에 감동이 컸던 탓인가보다. 책을 놓은 지 오래 지나도 먹먹하다. 내용은 같으나 청소년용과 성인용 버전 《방드르디, 태평양의 끝》 두 권이 있지만 청소년용 《방드르디, 야생의 삶》에는 동심에 대한 판타지와 야생적 판타지 둘 다 충족하고 있다. 특히 방드르디의 대화 중 시적 표현은 너무 아름다워 읽고 또 읽고 몇 번이나 밑줄을 그었다.

모래 위를 뒹굴며 하는 외딴섬의 수수께끼 놀이와 그 언어들. 방드르디가 질문한다. "달이 하늘의 조약돌이야? 아니면 이 작은 조약돌이 모래의 달이야?" 문명자 로빈슨은 묵묵부답. 놀이가 잦을수록 학습효과가 있기 마련. 이번에는 '비'에 관한 이야기다. 내리는 비와 하나 되어 방드르디가 한 말, "모든 사물이 슬퍼서 울고 있어. 나무도 울고 바위도 울고 구름도 울고 있다고. 나도 그들과 함께 우는 거야. 우 우 우! 비는 섬과 세상의 모든 슬픔을 나타내지."라고 말하자, 로빈슨은 이 말을 이해하기 시작했다. "달과 조약돌, 눈물과 비처럼 별로 상관이 없는 사물들이 서로 헷갈릴 만큼 닮을 수 있다는 것을. 그리고 모호하나 이 사물에서 저 사물로 옮겨갈 수 있다는 것을 조금씩 인정하기 시작했다."라고. 비가 눈물이 되었다가 물이 되는, 순환의 흐름을 보며 로빈슨은 형체 없던 물을 자신의 모양으로 만들어갈까. 방드르디를 통해 '원시와 순수'의 의미를 읽어낼까.

로빈슨이 섬을 둘러보는 습관이 있듯 나도 내 뒤쪽으로 고개를 돌려본다. 먼 거리 시야지만 논고랑에 살얼음 덮인 것이 어렴풋하다. 얼음 밑 세계가 궁금한지 새들이 폴짝, 미끄럼에 화들짝 놀란다. 한 공간에서의 두 세계를 본 듯, 그믐밤에 내린 한 줄기 달빛처럼 호기심이 부푼다. 조금 전보다 새뜻한 마음이다. 새벽안개 사라지고 햇무리 원형의 테, 나를 둘러싸고 사방을 서성인다. 문명의 따스함을 뒤로 미루고 다시 바다를 본다. 나는 왜 문명을 더 멀리 떼 놓으려 하는가.

동굴 폭파! 기존의 스토리와 차별화한 획기적인 사건을 만들어낸 것이 이 소설의 매력이다. 폭파 시도를 한 방드르디의 행위, 동굴 속 문명의 전리품들이 한순간에 날아감과 동시에 로빈슨에겐 문명의 잔해가 다 사라졌다. 문명의 흔적과 완전한 작별을 하면서 어쩌면 문명과 끈을 의도치 않게 끊었지만 그게 자발적 원시의 삶을 결정한 계기가 되었다. 동시에 로빈슨의 모든 생각이 변하여 스스로 섬에 남는 것. 방드르디가 자기의 노예라는, 어긋난 편견을 깨고 상하가 아닌 수평으로 관계도 회복되었다는 것. 그러나 인생이 늘 녹녹하지만은 않고 평온한 삶을 방해하는 요소가 있기 마련이다.

이 섬에서 방드르디와 더불어 행복하게 살 야무진 꿈을 꿀 무렵, 또 다른 문명의 침입자, '화이트버드호'가 출현한다. 더는 이 섬에서의 탈

출이 목표가 아닌 로빈슨에겐 화이트버드호가 관심 밖이다. 뜻하지 않게 방드르디가 로빈슨 몰래 이 배에 몸을 싣고 문명의 도시로 떠나갔다. 인생이 이런 건가? 늘 반전이 있다. 그들이 한 선택을 존중하지만 난 개인적으로 로빈슨에게 한 표를 던진다. 또다시 폭풍이 배를 삼킬지라도, 섬을 파괴하러 오는 방해꾼이 존재하더라도 로빈슨은 고립된 섬을 변화시키려고 하기보다 로빈슨 자신이 변함을 원했기 때문이다. 변함. 본성은 변하지 않고 죽지도 않는다고 말한다. 변했다는 것은 자기를 죽이고 산다는 뜻일 것이다.

어달 해수욕장을 지나고, 묵호등대가 바로 눈앞이다. 멀리 있는 풍경을 보려고 언덕에 오른다. 예쁘게 꾸며놓은 동네다. 탁 트인 바다가 내려다보이는 멋진 카페도 있다. 커피 한 잔을 하면서 당시의 로빈슨과 외딴 섬을 불러본다. 삶의 얄팍한 기교와 도시의 삿된 마음을 벗어나 아직도 섬에 홀로 남아 외딴섬의 등을 토닥일 것 같다. 방드르디가 남긴 원시의 신음이 멀리 수평선으로 멀어져 갈 무렵, 숨소리 낮춘 외딴섬도 주어와 술어가 되어 말에 힘을 실을 것이다. 푸르고 푸른 바다를 껴안은 채 제 목덜미와 어깨를 갸웃거리며 내가 말하고픈 고독에 비유와 상징을 입혀줄 것이다. 홀로 고독을 즐기려 했던 건 사치의 헛된 몸짓이 아니었다. 홀로는 고립감이 아니라 고립감과 '더불어 삶' 속 자신을 발견하는 것이다. 고독과 함께 하는 일상이 곧 인간의 외로움을 극복하는 것이다. 나는 덧붙인다. '내가 사는 도시는 문명의 욕망을 부추기고, 내가 걷는 해파랑길은 문명의 욕망을 잠재운다. 신은 자연을 만들고, 자연은 길을 만들고 해파랑길은 나를 만든다.'라고.

그러면서 이런 질문을 던져본다. 이 텍스트를 통해 '문명이 잃어버린 것을 다시 찾아야만 하는 가치는 무엇인가?' '고독 속에서 만나게 되는 타인은 어떤 존재인가?' '동굴 폭파 후 변화된 로빈슨, 그는 독자에게 무엇을 말하고 싶을까?' '로빈슨과 방드르디와의 관계 변화에서 어떤 인간성을 발견하는가?' '쓰레기로 몸살을 앓고 있는 바다는 신 야생의 삶으로 회복할 수 있을까?'

해는 뉘엿뉘엿 몸을 숨긴다. 저녁 바람이 꼬리를 물고 옷깃을 고른다. 저녁달이 불그레 달무리를 그리며 제 영토를 넓힌다.

2부

슬픔은 제 빛깔에 물든다

– 프랑수아즈 사강 Françoise Sagan의 《슬픔이여 안녕》

프랑수아즈 사강, 이정림 역,
《슬픔이여 안녕》, 범우사, 2015

파리에서 니스행 고속열차를 탔다. 칸, 니스, 모나코, 리비에라 해안이 가까워진다. 니스역 이름이 보이자 지중해의 푸른 물결이 금방이라도 밀려올 것 같다. 칸에서 때아닌 영화제를 볼 것 같기도 하다. 니스의 자갈 해변을 바라보며 '영국인들의 산책로'를 걷고 싶은 마음에 발은 벌써 그곳에 가 있다. 모나코에선 그레이스 켈리 왕비가 주연했던 영화도 볼 수 있을까, 상상하는 것은 여행자의 자유이다.

니스역　　　　　　　　　　　　　　영국인들의 산책로

"나는 나를 파괴할 권리가 있다."라는 말로 유명한 프랑수아즈 사강 Françoise Sagan(1935~2004). 그녀의 《슬픔이여 안녕》, 소설 배경지 칸은 니스에서 멀지 않다. 숙소에 짐을 풀고 마세나 광장에서 칸으로 가는 200번 버스를 탔다. 유복한 가정에서 자라 '슬픔'이라는 단어조차 모를 작가가 어떻게 슬픔의 소재를 캐내어 슬픔의 언어를 풀어 쓰고 슬픈 감정의 심리를 세세하게 잘 묘사했을까.

1시간 반 정도 지나니 드디어 칸이다. '슬픔'의 대지는 어떨까. 축축할까, 건조할까, 물렁물렁한지 단단한지 그저 궁금할 따름이다. 소설 속 다섯 인물이 황갈색 모래 해변에서 햇빛을 즐기고 있는 것 같다. 일찍 어머니를 여의고 파리에서 아버지와 단둘이 사는 17세 소녀 세실. 바람기가 있고 자유분방한 아버지 레이몽. 지성과 감성, 품격과 외모까지 겸비한 세실 어머니의 친구 안느. 아버지 애인으로 빼어난 미모를 자랑하는 엘자. 세실 남자 친구 씨릴.

나는 지금 모래 한 줌을 만지면서 등장인물 중 누구의 슬픔을 닦아주고 어루만져 줘야 하는지 그 무게에 저울질 해본다. 세실이 씨릴과 사

칸 모래 해변

랑을 나누었던 곳도 이 모래사장이고, 안느와 내적 갈등으로 인해 모래 위에 엎드리고 뺨을 갖다 대던 곳도 바로 이 해변이었지. 세실의 슬픔으로 무게가 기운다. 숱한 모래가 먼먼 시간 속에서 빠져나와 그녀의 슬픔의 방식, 그 속살을 드러내려는 것 같은데. 아니, 왼쪽 해변에 도열해 있는 저 요트들은 먼바다를 즐길 채비를 하고 있지 않은가. 희비의 감정이 엇갈린다. 씨릴과 세실이 저 요트를 타고 성큼 내 앞으로 다가와 세실이 이렇게 말할 것 같다.

'여름 휴양지에서 아버지가 안느와 재혼하겠다는 이야기를 듣고 난 이유 없이 거부감을 가졌어. 안느가 싫은데 어쩌지. 씨릴과 엘자를 이용하여 아버지의 재혼을 방해할 작전이라도 꾸며야 하나. 아버지 앞에서 씨릴과 엘자가 연인관계인 척해주면 좋겠는데. 엘자에 대한 아버지의 질투심을 유발하면 내 연극은 성공이야. 아버지는 내 작전에 휘말려 들게야. 안느와 결혼 약속을 깨고 엘자와 다시 애정 관계를 회복하겠지.

둘의 애정 행위를 목격한 안느는 배신감과 상처를 받고 별장을 떠나고 말 거야. 그래도 아버지를 사랑한 만큼 충격에서 벗어나기 힘들 게야. 맙소사! 별장을 떠난 지 얼마 되지 않아 교통사고를 당하다니. 내가 꾸민 일이라도 너무 끔찍한 결과에 슬퍼하지 않을 수 없다'라고.

사춘기 소녀의 반항 어린 성장소설 같은 인상을 준다. 발칙한 상상력과 무모한 가혹함이 담겨있다. 통속소설 같다고 해서 평가절하는 할 수 없다. 18세 젊은 사강은 이 작품에서 뛰어난 심리묘사로 세계를 놀라게 했다. 처녀작을 발표하자 베스트셀러가 되며 비평가상을 받은 기염을 토하기도 했다. 아무리 천재성이 있다 해도 어떻게 18세에 이런 글을. 단순한 사랑 이야기만을 의도하진 않았을 텐데. 소설 배경지에 와보니 슬픔의 실루엣이 저 멀리 수평선까지 펼쳐진다.

왜 세실은 새어머니가 될 안느를 거부했을까? 고상하고 우아한 정신 세계를 삶의 바탕으로 여기는 안느와 쾌락주의적 가치관을 지닌 자신이 비교되어서? 이성의 부모 사랑을 독차지하고 싶은 욕망 때문에?

남자아이가 어머니에게 가지는 오이디푸스 콤플렉스, 여자아이가 아버지에 대한 엘렉트라 콤플렉스. 혹시 세실이 새어머니를 사랑하는 아버지에 대해 엘렉트라 콤플렉스 감정이 있지 않았을까, 이런 생각이 무리 지어 머리를 비집고 들어온다.

1월이라 '더위와 달빛에 취해서 밤마다 울어대는 매미 소리'를 들을 수 없지만 겨울 파도와 바람이 만들어 낸 모래 무늬를 볼 수 있다. 아래로 얕게 패였거나 위로 봉긋하게 올라온 모양이다. 군데군데 생긴 요철무늬는 종잡을 수 없는 사춘기 아이의 감정 기폭과도 같았다. 책 속에 어른거리는 엘렉트라 콤플렉스 감정이 황갈색 모래 무늬와 섞인다.

세실에게 안느란 인물은? 자신에게 따뜻하게 대해 주지만 '거만하고 냉담한, 상냥하고 거리감 느껴지는, 겁을 먹게 하는 침착함을 지닌 얼굴'로 묘사하지 않았던가. 일종의 방어기제로 일방적 복수심의 대상이 될 복선을 까는 걸까. 저변에 깔린 세실의 의식 한가운데 안느에 대한 무의식적 공격성이 있다는 합리적 의심을 떨쳐버릴 수가 없다.

황금빛 모래 위를 걸으면 걸을수록 발이 모래 속으로 푹푹 빠진다. 해변 끝까지 갔다가 돌아오는 내내 안느에게 까칠한 세실의 모습이 떠오른다. 줄지어 있는 호텔과 카페들. 그 옛날 이곳 어느 한 곳에 아마 사건의 중심이 되었던 '태양'이라는 술집이 있었을 게야. 그 술집에서 세실은 안느만 제거하면 아버지의 사랑을 독차지할 수 있다는 생각을 했을까. 새어머니와 경쟁할 수 있다는 심리가 발동했을까. 궁금함에 대한 갈증이 커피 한 잔을 당긴다. 목을 적신다.

쟁취하고 싶고 경쟁심이 커질수록 아버지에 대한 집착과 사랑이 끈끈하게 묻어나 보인다. 남자 친구 씨릴이 '신뢰감을 주지만 씨릴과 같은 젊은이에게 끌리기보다 아버지나 40대 남자들을 더 좋아한다.'라고 토로하기까지. '아버지에 대한 근친상간적이라든가 혹은 안느에 대한 건전하지 못하는 생각에 대해 진정한 원인은 무더위와 베르그송, 그리고 씨릴의 부재 탓'으로 돌렸으나 근본적으론 아버지에 대한 애착, 애정의 유대관계가 더 컸으리라.

안느의 사고를 접했을 때 세실의 태연함을 보라. 눈에 가시던, 혹 덩어리가 제거되기라도 하듯 내심 승리에 대한 쾌재를 불렀을 수도. 고인에 대한 진심 어린 애도가 없다. 간단하게 아무 일도 아닌 양 치부해 버리는, 일종의 단락행동短絡行動 short-circuiting 만을 보였으니 말이다. 아버지에게서 안느를 따돌리고 죽게 한 시나리오를 완성한 후, 한참이 지나서야 세실은 무의식적 충동을 감지한 듯 슬며시 낯선 타인 같은 슬픔,

권태로운 슬픔을 맞이하지 않았던가.

'권태와 감미로움이 내 머리에서 줄곧 떠나지 않는 이 알 수 없는 감정에 슬픔이라는 아름답고 무게 있는 이름을 붙이는 것을 나는 주저하고 있다.'라는 소설의 첫 문장과 '여름이 다시 온다. 그리고 그 모든 여름의 추억도 안느! 안느의 이름을 어둠 속에서 자꾸만 불러본다. 그때 무언가가 솟아오른다. 나는 그것을 그녀의 이름으로 인한 것으로 맞아들인다. 눈을 감은 채… 슬픔이여 안녕.'이라는 마지막 문장.

두 문장에서 보듯 슬픔에 대한 세실의 언어는 낯설고 복잡하다. 남녀 간 사랑에서 빚어진 평범하고도 막연한 슬픔, 인간 저변에 깔린 엘렉트라 콤플렉스에서 뿜어 나오는 부조리하고도 묘한 슬픔이 어지럽게 섞인다. 대상을 향한 악의적 충동의 무 통제, 감정과 행동에서 절제되지 않은 슬픔, 그런 슬픔의 빛깔에 물든 〈슬픔이여 안녕〉!

막연함과 묘함이 섞인 색깔을 바다에 풀어놓고 손을 흔든다. 제목의

칸 해변 벼룩시장

'안녕'은 작별의 안녕이 아니지만 난 '안녕'으로 작별 인사를 해야겠다. 과거의 뒤안길에다 슬픔을 내려놓고 이제 현재의 공간을 즐기자.

해변 입구에 펼쳐진 벼룩시장이 보인다. 조금 전엔 없었는데 이국땅에서 중고 물건 시장을 볼 수 있는 것도 행운이다. 쓸 만하고 격조 있어 보이는 물건들이 다 새것 같다. 보석, 시계, 가방, 구두, 주방용품, 고가구 등이 화려하다. 선뜻 욕심이 난다. 욕심은 욕망이 된다. 차라리 서둘러 도시의 나머지를 둘러보자.

오밀조밀 빼곡한 상가를 지난다. 영화제가 열리는 장소도 빼놓을 순 없지. 말로만 듣던, 계단 위로 펼쳐진 레드 카펫. 그 옆에는 크리스마스 트리가 아직도 하얀 눈을 덮고 있다. 매스컴으로 봤을 땐 그렇게 화려해

칸 레드카펫

보였는데 소박하다. 일반인들도 함께할 수 있는 공간이 친숙하다. 유명 배우들의 손 프린팅도 눈을 즐겁게 하며 사강을 만난 기쁨 못지않다. 돌아 나오니 또다시 바다다.

저 멀리 소나무 숲은 소설 속 별장을 가리고 있다. 우리 감정에 내재한 진정한 '슬픔'도 가리고 있지 않은지. 하루해는 저물고 슬픔도 저물어간다. 손사래를 치듯 밀려오는 파도는 모래 무늬의 요철 문양을 지워 버린다. 그렇게 너울대던 슬픈 감정은 등을 보이며 시야에서 멀어진다. 저녁별이 되려나. 다시 새벽 별 되어 새로운 슬픔이 인사를 하겠지. 슬픔이여, 안녕!

태양은 낙조를 서두른다

— 모파상Guy de Maupassant의 《여자의 일생》

모파상, 이동렬 역, 《여자의 일생》,
민음사, 2014

소금과 해초는 짙고 끈끈하다. 모래 해변이 아닌 자갈 해변. 보드라운 모래 아닌 돌멩이에 무게를 싣는다면 주인공의 삶 또한 순탄하지 않을 거란 말인가. 그래도 발에 밟히는 돌 소리와 파도 부딪는 소리가 맑고 청아하다. 바닷바람은 느릿느릿, 여유가 있다. 잔잔하게 일렁이는 물결, 풍요롭고 평화로운 《여자의 일생》의 바다, 에트르타의 이미지다. 모파상의 단어와 문장은 잉크 자국이 마르지 않은 듯 온 바다를 푸르게 물들이고 있다.

에트르타 자갈 해변

미로메닐 성

한 여인의 가슴에 피던 행복의 물결이 드넓은 세상의 거친 파도와 마주치며 높은 절벽과 맞닥뜨린다. 그녀를 굳건하게 지켜주던 방파제를 다시 만들어주어야 할지, 더 큰 파도를 헤쳐나가며 강인한 여자로 변모되기를 바라야 할지, 한 여인의 일생, 그 자취를 따라가 본다.

모파상Guy de Maupassant (1850~1893)은 프랑스 자연주의 작가로 소설 배경지인 노르망디 출신이다. 뚜르빌, 미로메닐 성에서 태어났다. 정확한 어휘 선택과 사실적 묘사가 뛰어나기로 유명하다. "인간이 만들어내는 사회 속 병폐를 가차 없이 폭로하고 지적하는 게 소설가의 임무"라고 한 그는 인간에 대한 예리한 탐구자이다.

노르망디 지역의 한 귀족 가문의 외동딸, 목가적 전원을 사랑하나 온실 속 화초 같은 이미지의 여주인공 잔느, 교양 없고 품행이 난잡한, 파렴치한 자작 줄리앙을 만나 결혼한다. 신혼여행의 달콤함도 잠시, 줄리앙이 난봉꾼 본색을 드러내는 데는 얼마 걸리지 않는다. 혼인의 숭고한 가치에 대한 무개념을 떠나 습관성 고질병 같은 것이다. 잔느의 하녀 로잘리에게 성폭행을 일삼고 아이까지 낳게 한다. 게다가 이웃집 백작부인과 난 염문으로 수치스러운 죽음을 맞이하기까지 한다. 남편의 배신으로 절망에 빠진 그녀가 오로지 희망을 걸었던 건 아들, 그러나 그마저 기대를 저버리고 대대로 내려온 가산을 탕진한다. 처절하게 배신감으로 응집된, 주어진 삶을 맞서 이겨내지 못하고 주저앉아버리는, 한 여자의 슬프고도 비참한 이야기다.

에트르타Etretat, 이포르Yport, 페캉Fécamp 해변이 줄지어 있다. 배경

이포르와 보고타 언덕 이정표

보고타 언덕

지 중 하나인 에트르타. 그 부근의 보고타 언덕에서 불어오는 산들바람이 새소리와 함께 화음을 맞춘다. 원제는 'Une vie(하나의 생)', 꼭 주인공의 일생만이 아니라 우리 모두의 이야기가 아닐까 싶다. 한 편의 고전은 시간과 시대를 초월한다. 보잘것없는 인간의 삶을 반추해 보기에 가치가 있다.

주인공이 결혼한 이포르 성당

자갈 해변을 밟아보고 바닷물에 발을 담근다. 저 멀리 보이는 코끼리 절벽이 눈에 들어온다. 잔느가 이포르에서 에트르타까지 배를 타고 가며 묘사해 놓은 그 절벽이 아니던가.

코끼리 절벽

"뭍 쪽에는 깎아지른 듯한 높은 절벽이 그 발치에 큰 그림자를 던지고 있었고, 햇빛에 반짝이는 잔디밭 비탈은 페캉 해안의 흰 방파제에서 나오고 있었으며 저편 멀리 야릇한 모양으로 구멍이 뚫린 둥그스름한 바위는 파도 속에 코를 박고 있는 코끼리와 비슷했다. 이것이 에트르타의 작은 문이었다."

남편이 될 줄리앙을 한두 번 보고 가족여행을 할 그때까지만 해도 미지에 대한 아름다운 상상으로 부풀어 있었다. 잔느가 한 인간을 그리워하게 되고 막연한 그리움의 환상이 깨지고, 그 환상이 아픈 현실로 바뀔 줄을 예측하기란 불가능하였는데. 현실은 맑고 푸른 하늘, 울창한 숲과 따스한 햇볕이 존재하더라도 소용돌이치는 한 여인의 불행한 삶을 막을 순 없었다.

원래는 주인과 객 같은, 잔느와 줄리앙의 관계. 가문이나 경제력, 여러 여건을 고려해 보면 잔느가 모든 우월성을 지니고 있었다. 상대에 대한 열등감의 근성이라 해야 하나, 지참금은 잔느가 가져왔으나 비싼 빵 대신 보통 빵을 먹으라는 줄리앙의 비정함, 거짓말과 바람둥이 기질, 허영과 위선으로 천박하기 짝이 없는 그의 적반하장. 이 모든 상황을 물릴 수 없는 그녀에게 유토피아는 없었던 바로 이곳이다.

후일, 이 해변에서 그녀가 바라본 태양, 기울어진 태양은 '피를 흘리는 듯' 보였을 테고, 그림자가 드리워진 욕정에 이글거리며 '낙조를 서두르고' 있지 않았을까. 바다가 '태양을 껴안은 듯하며 조금씩 그 태양을 삼켜버리는' 것 같은 그녀의 운명. 이 푸른 바다가 그녀에게는 외로운 잿빛, 슬픔 외에 어느 것도 섞이지 않은 잿빛 바다로 보였을 거다. 비바람을 세차게 몰고 올, 고달픈 심오함이 깃들어 있는 그런 바다.

바닷속에 코가 빠진 듯한 코끼리 절벽 위로 푸른 언덕이 보인다. 잔느가 기쁠 때든 슬플 때든 자주 올라가 바다를 내려다본 곳이다. 기쁨보단 고통과 통증이 응축된 공간이라 해야 맞지 않을까. 신이 아담과 이브를 만들 때, 혼자이면 고독할까 봐 짝을 만들었을까. 이 상상은 잔느에겐 해당하지 않을 듯, 오히려 짝 없는 고독이 더 행복했을 것이다. 시간과 비례해서 허물어지는 사랑은 깊어만 갔으니 말이다.

남편의 배신감이 남긴 빈자리는 또 어찌할꼬. 오로지 아들에게 온갖 정성을 기울여보나 이 또한 지나가야 할 험난한, 더 큰 파도임을. 아들의 낭비벽은 "강렬한 햇살이 비에 젖은 축축한 지붕을 바짝 말리듯이 잔느의 전 재산을 다 날려버렸다"라고 할 만큼 심하다. 창녀와의 비이성적인 사랑은 모정을 끊을 만큼 질겼다. 아들 뒤치다꺼리를 하느라 빈털

터리가 된 그녀. 남은 삶이 얼마나 두려웠을까. 여느 어미처럼 그저 예쁜 자식으로만 커 주기를 바라기도 했을 게고, 또 한편으론 훌륭하게 자라 큰 인물이 되기를 바라지 않았을까. 그러나 이도 저도 아니었고 공허함이라는 껍데기만 키웠을 뿐이다. 집안의 몰락보다 삶에 대한 공허함. 무경계와 무한계의 두려움을 신에게라도 의지해야 할 것 같은데 그것 또한 빛 속의 잿빛 물체에 불과할 뿐. 신부님과의 상의도 흐지부지, 한 치 앞의 미래를 볼 수 없었다는 사실이다. "세상사 비참과 슬픔과 죽음에 지나지 않는다."라고 했던 한탄의 소리가 예까지 들리는 듯하다.

그녀가 물놀이 하던 바다, 언덕에서 내려다보던 바다, 가끔 옅은 안개가 바다의 몸을 가려주던 바다, 지금 내 앞에 펼쳐진 이 바다는 '잔느의 삶이고, 무언의 등장인물이고, 주인공의 비애를 지켜보는 역할'을 했지 그녀의 어린 시절 부모 사랑이 형형색색 아롱진 파라다이스를 보여주지는 못했던 바다였음을.

잔느의 삶과 비교해보면 현재의 내 삶은 잔잔한 바다다. 나의 전생은 어땠을까. 내가 만야 긴느의 삶을 살았더라면, 푸성귀 같은 떨떨한 생의 쓰라림을 맛봤더라면, 앞의 조건절에 맞춰 '~하였을 텐데'의 주절이 될 문장을 조합해낼 엄두가 나지 않는다. 공중낙하, 스스로 쌓은 공든 탑을 무너뜨릴지라도 그저 물비린내 물씬 풍기는 초록 물고기들이 풍덩거렸으면 좋으련만…, 생각을 해본다. 역사의 현장도, 재난의 현장도 아닌 문학의 흔적을 남긴 에트르타에서 나 역시 세상 어디에도 유토피아는 없다는 인간의 삶을 인정하고 돌아가야만 하나.

에메랄드빛 천국은 없어도 그래도 살아야 하는 그녀의 운명, 아들이 낳은 딸을 받아 안고 "갑자기 생명의 부드러운 온기가 옷을 통해 다리와 피부에 스며들었다"라고 한 말. 그리고 하녀 로잘리가 남긴 명언, "인생이란 사람들이 생각하는 것처럼 그렇게 즐겁기만 한 것도, 그렇다고 그렇게 불쌍하기만 한 것도 아닌가 봐요." 이 두 대사는 짧지만 긴 여운으로 와 닿는다.

우리의 삶에서 내가 누구의 방파제가 될 수도 누군가가 내 삶의 파수꾼이 될 수도 없다는 것. 주어진 삶에 주인공으로서의 주체로 나 아닌 타인에게 끌려다니지는 말아야 하는 것. 마주해야 할 불행이 온다면 운명 탓으로 돌리지 말고 맞서야 한다는 것을, 모파상이 잔느를 통해 말하는 것 같다. 부모에게, 남편에게, 아들에게 자기 인생의 운전대를 맡기지 말고 적극적이고 능동적으로 한 생의 주인이 되라는 말이 아닐까.

언덕 아래 드리워진 그림자에 그녀의 얼굴이 어른거린다. 몸을 웅크린 그녀, 광대무변 허공조차 눈부신가 보다. 태양은 왜 그리 낙조를 서두르는지. 바다를 물들인다. 자갈 해변으로 밀려오는 파도는 세상사 얼룩진 고뇌를 씻어내고 있다.

유람선은 스토리텔러를 부른다

– 기욤 뮈소 Guillaume Musso의 《7년 후》

기욤 뮈소, 임호경 역,
《7년 후》, 밝은세상, 2012

    예술을 생각하면 파리를, 낭만을 꿈꾸면 센강을, 사랑을 나누고 싶으면 센강의 다리를. 예술, 낭만, 사랑! 이 모든 것을 느끼고 싶으면 센강의 유람선을 타라고 말하고 싶다. 유람선을 타면 잠시나마 인간을 욕망의 바다에서 낭만의 강으로 옮겨 놓는 듯하다. 도시 이미지인지, 강의 매력인지, 과거와 현재를 이어주는 다리 때문인지 유람선은 줄곧 스토리를 만들어낸다. 수많은 스토리텔러를 이곳으로 부른다.

    프랑스 작가 기욤 뮈소 Guillaume Musso의 소설, 《7년 후》의 배경지 일

유람선

부가 유람선 상이다. 뉴욕, 파리, 리오데자네이로, 세 도시를 넘나드는 중 파리 유람선이 소설의 많은 부분을 차지한다.

알마 다리가 보인다. 매표소를 찾아간다. 가는 길목에서 한 남자가 모노 팬터마임이라도 하듯 몸짓과 표정으로 우리를 반긴다. 온통 하얀색으로 분장을 했다. 소설의 두 주인공도 선상 파티 갈 때 이 사람을 보지 않았을까. 보는 순간, 웃음이 나왔을 거다. 다급한 마음과 엉켜있던 둘 사이의 갈등도 조금 녹아내렸으리라.

보수적이고 권위적이며 삼각형의 뾰족한 면이 도드라질 것 같은 성격의 아빠 세바스찬, 진보적이고 자유분방하며 타원형같이 다소 느긋한 성격의 엄마 니키. 아빠를 닮은 딸 카미유, 엄마를 닮은 아들 제레미. 삼각형이든 타원형이든 어느 하나가 도형 안으로 들어가면 안정감을 줄 텐데. 삼각형도 타원형도 한쪽 벼랑 끝 절벽에 서 있는 듯 불안하다. 둘의 관계는 삐걱거리고 흔들리다 결국 파탄에 이른다. 이런 그들이 이혼 후 7년 만에 실종된 아들을 찾겠다는 일념으로 다시 의기투합한 곳이 바로 이곳 유람선이다.

부모의 재결합을 위해 두 아이가 꾸민 위험천만한 일. 제레미가 파리 지하철역에서 납치되었다는 동영상을 찍어 부모에게 보낸다. 엄마 아빠가 아들을 찾으러 파리까지 단숨에 날아오리라는 믿음. 낭만이 어린 두 분의 옛 추억을 되찾아주고자 멋진 호텔과 선상 디너 파티 예약까지. 위기 앞에서 꼭 둘이 하나가 될 것이라는, 제레미의 작전. 황당하고, 발칙하고, 무모한 점이 없진 않다. 부모를 위험에 빠트리기도 하지만 한편으론 대견스럽기도 하다.

제레미의 바람대로 둘은 유람선에서 사랑의 온도가 다시 올라갔을 거야. '그래, 오로지 이 사람뿐이야'라며 처음의 맹목적 그 사랑을 회복하겠지. 그리고 살인사건에 연루돼 공포와 긴박감으로 펼쳐지는 스릴러 앞에선 더욱 똘똘 뭉치고말고. 현실과 판타지가 공존하는 이곳에 나도 빨려들고 있어.

센강 양쪽에 늘어선 건축물, 아름다운 다리, 에펠탑에서 쏟아지는 불빛, 찬란한 빛 세례를 받으며 유람선을 탄다는 것만 해도 가슴이 벅차오르는데. 소설 속 두 아이가 부모를 위해 예약해 놓은 유람선은 얼마나 화려할까. 불꽃이 너울거리며 춤을 추는 캔들, 화려한 유리천장 아래서 디너 파티를 즐겼을 세바스찬과 니키. 이런 분위기에 압도되지 않을 사람이 몇이나 될까.

남편과 선실 밖으로 나왔다. 바람이 차다. 손을 꼭 잡은 연인들. 서로를 감싸주고 껴안은 그들. 멀리 떨어져 있는 별들도 연인들을 보며 손을

에펠탑 야경

잡을 것 같은 분위기. 밤하늘에 뜬 달 조각을 따다 줄 것 같이 사랑의 밀도엔 틈새가 없다. 우리도 저렇게 뜨거울 때가 있었지.

　결혼 전 데이트를 할 때다. 이 남자를 보겠다고 주말마다 지방에서 올라오지 않았나. 잠시 보고 또 내려가야 하는데 말이다. 이 남자 또한 마지막 열차로 나를 보내기가 못내 아쉬웠던지, 조금이라도 더 함께 있겠다고 매번 서울역에서 차표를 사서 영등포역까지 바래다주곤 했지! 그러던 어느 날, 우연이라기에는 너무나 운명 같은 필연. 나는 지방에서 오래전에 예약해 놓은 차표를 갖고 있었고 남편은 당일 즉석에서 표를 샀는데 같은 열차 같은 칸, 바로 내 옆 좌석. 얼마나 놀랍고 신기하던가. 비밀스러운 이 이야기가 갑자기 왜 여기서 생각나는지. 혼자 피식 웃으며 옛이야기를 했더니 평소 뻣뻣하던 남편도 사랑의 온도까지는 아니더

알렉상드르 3세 다리 야경

노트르담 대성당

퐁네프 다리

라도 예열은 된 듯, "그래, 그때 그랬지. 세월 참 빠르다"라며, 젊은 연인들 흉내도 내보더니 쑥스러운지 헛기침 여러 번으로 어색함을 얼버무리는데….

아차, 유람선이 부르도네 선착장을 지나 알렉상드르 3세 다리를 지나는군. 연인이나 가족들이 불빛에 비친 다리의 모습에 감탄하며 환호한다. 화목하게 지내지 못하고 '네 탓'만 해왔던 세바스찬이 못내 부러워하던 대목이다. "문제의 본질은 서로의 차이점이 아니라 차이점을 다루는 방식에 있다고." 한참 후회를 하지 않았던가.

유람선은 세바스찬의 사정을 알 리가 없다. 벌써 '사랑의 자물쇠'가 주렁주렁 달린 퐁 데자르(예술의 다리)를 지나 '퐁네프의 연인들' 다리까지 왔다. 세바스찬과 니키에게도 퐁네프의 아치들과 노트르담의 종탑이 한눈에 들어왔을 거다. '사랑의 자물쇠'를

사랑의 자물쇠

보며 제레미가 남겨놓은 암호를 풀려고 애쓰던 저 다리. 둘의 관계가 영원히 흔들리지 않겠다는 각오도 했으리라. 어느덧 달빛과 별빛은 도시의 불빛 속으로 숨어버렸다.

콩시에르저리를 지나 저 멀리 샤를 드골 다리가 내 앞에 성큼 다가온다. 미테랑 도서관, 루부르 궁전, 샹젤리제까지 보고 다시 알마 다리로 돌아온다. 1시간 정도의 시간이 아쉽지만 많은 여운이 남는다. 쌍둥이 아이들이 벌인 일들. 어떻게 그런 발상을 했을까, 어떻게?

부모의 재결합을 얼마나 바랐으면 그랬을까. 무조건 이혼을 비판하는 것은 아니다. 자녀가 있으면 이혼이 쉽진 않겠구나. 파리 경찰관 콩스탕스의 말은 한층 더 가슴을 쿵 친다. "이혼한 가정의 아이들 대부분은 엄마 아빠가 언젠가는 재결합해 함께 살 것이라는 희망을 버리지 못한다." 라고. 친한 친구 한 명이 지금 부부간의 갈등을 겪고 있다. 이혼을 생각하기 전에 이 소설을 읽어보라고 권하고 싶다. 파탄으로 가는 길목에서 제레미의 희망 사항으로 뉴턴 하기를 바랄 뿐이다.

제레미도 부모를 원망하고 자신의 처지를 비관하기도 했을 거다. 호의적이기만 했을까. 방문을 걸어 잠그고 분노의 눈빛으로 부모를 바라보기도 했을 터, 그것은 아마 자신이 버려질지도 모르겠다는 두려움의 또 다른 표현이 아닐까 싶다. 무엇보다 제레미의 가슴 밑바닥에 있는 슬픔, 그 위에 다시 꼭 재결합하리라는 환상을 가졌다는 것. 남루해지고 찢긴 가정의 흔적을 말끔히 갈무리하고 싶은 의도가 담겼지 않을까.

나는 기욤의 소설 여러 권을 읽고 신작이 언제 나올까 기다리는 편이다. 모든 독자에게 만족감을 줄 수는 없지만 그래도 난, 기욤의 팬이고 그의 소설을 잡으면 다 읽기 전엔 손에서 놓지 않는다. 소설 전반에 깔린 '사랑, 용서, 화해'라는 소재, 독자를 흔드는 감성, 힘 있는 이야기, 영화를 보고 있는 듯한 착각에 빠지게 하는 것으로도 충분하다.

1, 2년 간격으로 한 권씩 소설을 발표할 때마다 베스트셀러 자리를 놓치지 않는다. 저변에 깔린 휴머니즘 때문이 아닌가 한다. 《7년 후》의 소설에도, 최신작에도 그 원칙은 벗어나지 않았다.

갈등과 충돌 없는 가정이 있을까. 가정이란 불완전함의 용광로가 아닐까. "지킬박사와 하이드, 카인과 아벨, 아프로디테와 헤라"와 같은 상반된 인물들이 펼치는 복합 공간 같은 것이리라. 그렇다고 실망과 분노, 극과 극으로 점철되었던 부정적인 면만 부각할 게 아니다. 서로의 차이점보다 차이점을 다루는 방식을 먼저 생각해보면 어떨까. 좌절과 극단의 소용돌이 안에 긍정의 해법 시그널, 환희를 부를 수 있는 선상 디너 파티도 방식이 될 수 있을 거다. 돌싱녀, 돌싱남 하면서 이혼을 부추기는 듯한 사회는 잠시 이 사랑과 모험의 대장정 《7년 후》 속으로 들어가 보면 좋겠다. 위기의 부부들의 '7년 후'가 좌절일지 환희일지, 부부의 카오스는 유람선 상에서 바라보는 불빛이 퍼지면서 춤추는 별이 될 수 있으리라.

유람선은 끊임없이 스토리텔러를 부른다.

아비뇽, 역사와 문학을 말하다

– 알퐁스 도데Alphonse Daudet의《교황의 노새》

알퐁스 도데, 소정 역,
《교황의 노새》, 아테나, 2009

    남프랑스 특유의 건조한 바람 미스트랄이 우리를 반긴다. 아비뇽이다. 아비뇽 다리가 한눈에 들어오고 그 아래로 잔잔히 흐르는 론강의 물결, '아비뇽 유수'라는 사건을 아는지 모르는지 도도히 흐른다. 교황들이 보호의 명목으로 갇혀있던 당시의 역사를 알려주듯 도시를 둘러싼 성벽이 높고 견고하다. 검은 듯 누르스름한 갈색 벽돌이 고풍스럽다. 세월을 말해주듯 벽돌 사이에 낀 초록의 이끼가 그윽한 정취를 더한다.

교황청으로 가는 길

교황청 성벽

교황청

　'아비뇽 유수'는 프랑스의 필립 4세와 교황청의 갈등을 첨예하게 보여준 사건이다. 신을 위한다는 명목으로 200년 가까이 벌인 십자군 전쟁은 실패했고 엎친 데 덮친 격으로 흑사병은 창궐했다. 13세기 유럽 세속 군주 권한이 급속하게 성장했고 부패와 세속화로 로마 교황권은 실추했다. 시민들은 교황의 보호보다 왕의 보호가 필요다고 느낀다. 프랑스의 필립 4세는 왕권을 강하하고 로마 교황청은 필립 4세의 견제를 받는다. 급기야 1309년 교황청을 아비뇽으로 옮기게 되고 프랑스 왕권의 지배하에 놓인다. 그 후 70여 년간 프랑스 출신 교황들은 아비뇽에 거주한다. 이른바 '아비뇽 유수'다.
　프랑스 자연주의 작가 알퐁스 도데(1840~1897)의 작품 《교황의 노새》의 배경지가 바로 아비뇽이다. 교황님의 노새는 어떻게 생겼을까. 도데의 표현을 빌리자면 '반지르르 윤기 나는 새까만 털, 튼튼한 발, 넓직한 엉덩이'를 가졌단다. 게다가 바짝 쳐든 머리에는 깃털과 리본, 은방울과 수술이 장식되어 있고, 순진한 눈매와 쭈뼛거리는 두 귀는 착한 어린이를 닮았다니 교황님의 사랑을 받을만하다. 이 노새를 이용해 교황님의 환심을 산 티스테 베텐느가 작품의 중심에 있다. 베텐느는 지위가 높은 권력자들에게는 갖은 계략과 술책을 쓰며 비굴할 정도로 환심을 사려하고, 소외되거나 힘없는 사람에게는 비인간적인 행동을 스스럼없이 한다. 도데는 그의 간교함을 해학으로 꾸짖는다.

성곽 주변을 돌아보다가 성문 안으로 들어간다. 1300년대, 교황청의 흔적을 따라 가본다. 도데는 "잔치가 벌어지는 활기찬 고장, 성체거동과 순례자들의 행렬, 꽃으로 수놓은 아름다운 꽃길을 걷는 추기경들, 라틴어 성가를 부르는 교황의 병사들, 수사들의 따르라기 소리, 거대한 교황청을 둘러싼 집채들, 레이스를 짜는 소리, 제의를 짜는 베틀의 북소리, 찬미가 소리, 저 멀리 다리 쪽에서 들려오는 북소리"로 마을 전경을 묘사하지 않았던가. 창도 감옥도 기근도 전쟁도 없다던, 도데가 말한 그 평화로운 시절을 떠올려본다.

요새같이 거대한 이곳이 아비뇽 유수(1309~1377) 동안 일곱 명의 프랑스 교황이 머물렀던 곳이라니. 지금은 유폐의 느낌은 찾아볼 수 없고 안온하다.

로마 교황청엔 쓰리고 뼈아픈 역사로 남았으나 그와는 아랑곳없이 마치 비밀의 정원이나 지상의 낙원이라도 되는 듯 수많은 관광객의 발자국이 쌓여간다. 혼란은 끝나고 갈등은 멈췄다. 당시 종교가 가졌던 욕망을 벗어던지고 뭇사람들을 맞이한다. 교황님의 노새 발굽 소리가 들리는 것 같다. 도데의 또 다른 작품《별》에 나오는, 목동에게 양식을 실어다 주는 주인집 노새의 방울 소리와 겹치며 고요와 정적이 깨진다. 다시 신비하고 경건한 세계로 접어든다. 론강과 뤼브롱 산의 정령들을 만난 듯, 영혼이 정화되어 지상에서 천국을 맞이한 기분이다.

사각 무늬 교황님의 방 바닥

잔 여왕의 알현

종탑으로 올라가는 입구

교황청 뜰의 잔디는 겨울인데도 초록 옷을 입고 있다. 안으로 들어가자 눈에 띄는 곳은 교황님의 방이다. 대혁명 때 거의 파손되었지만 알록달록 사각 무늬로 된 바닥 타일이 그 당시 모습 그대로 남아있다. 한두 개의 가구도 있다. 다른 방에는 아비뇽 유수로 인해 이곳에 기거했던 일곱 명의 교황님들 사진이 벽에 걸려있다. 그중 한 분, 보니파스 교황님이 작품 속에서 웃는다. 교황님이 프로방스 지방 잔 여왕의 알현을 받는 사진도 걸려있다. 작은 성당과 연회장을 지나 한 계단 힌 계단 오른다.

무엇보다 가장 높은 곳에 있는 종탑을 보고 싶다. 티스테 베텐느가 교황님의 노새를 골탕 먹이려고 종탑까지 끌고 갔던 그곳이다. 꼬불꼬불 나선형 계단, 노새의 발걸음으론 한 시간이나 걸어 올라가야 할 텐데 얼마나 힘들었을까. 드디어 꼭대기다. 아비뇽 시가지

146 프랑스, 문학과 풍경이 말을 걸다

가 한눈에 들어온다. 지붕의 모습은 마치 퍼즐로 맞춰놓은 그림 같다. 아비뇽을 보고 싶다는 생각을 오래 간직해왔다. 기쁨과 설렘이 꼭대기에서 이는 산들바람에 섞인다. 아, 감상에 젖어있을 수만은 없지. 교황청의 유리창이 진동할 만큼 노새는 놀람과 공포감으로 크게 울부짖지 않았던가.

교황님도 놀라 뛰쳐나와 봤지만 간교한 티스테 베텐느의 거짓말, 노새 혼자 직접 올라갔다는, 그 소리를 노새가 알아들었다면 무슨 생각을 했을까. 내가 노새가 된 듯 그의 교활함에 화가 난다. 무엇보다 내려올 때가 더 힘들지 않았을까. 다리는 후들후들 떨리나 교황님의 노새로서 체면을 구길 수야 없으니 오로지 인내하는 길밖에 없었을 게다. 베텐느는 그런 노새의 처지는 안중에도 없었을 터, 노새는 호시탐탐 강한 발길질 한 번으로 날려버릴 생각만 했으리라.

결국, 7년 동안 참아온 교황님 노새도 인내의 한계를 느꼈다. 아무리 짐승이라도 교활한 자를 용서 못 하리라. 노새는 발길질 한 방으로 베텐느의 간교함을 날려버렸다. 에라, 팍! 노새의 발길질이 얼마나 셌을까. 강자에겐 약하고 약자에겐 강한, 강하고도 질긴 그 사악한 본성도 한순간에 무릎을 꿇었다. 시원하게 복수하는 교황님의 노새가 얼마나 통쾌한지. 내 답답한 가슴도 뻥 뚫린다. 익살과 해학으로 감동을 주며 부드럽게 인간을 비판하는 작가를 아비뇽에서 다시 만나니 교황청이 더 인간에게 가까워진 것 같다.

프랑스 남부 님Nimes 출신인 알퐁스 도데. 뛰어난 감수성과 매력 있는 회화력, 풍부한 표현력으로 많은 사랑을 받은 작가다. 골계미滑稽美는 물론 눈물 글썽이며 가련한 인간의 비애를 보는 그의 눈에는 내적 진실성이 담겨있다. 정념에 대한 이해, 인간의 내면에 관한 관심, 마음껏 나래를 펼치는 놀라운 상상력도 그의 장점이다. 진실과 환상, 진지함과 유머 감각, 아이러니와 연민 등 인간의 존엄성에 대해 조화를 잘 이뤄낸 작가가 있는 한, 차가운 겨울의 성채城砦라도 춥거나 고독하지 않을 것 같다.

교황님의 노새가 살아 있다면, 베텐느같은 사람이 있다면, 무어라 말할까. '어진 양심과 내적인 눈으로 자신을 살필 수 있는 시력을 키워라. 핑계를 일삼는 악행을 피하라. 물질의 애착과 허영에서 자유로워라.' 이러지 않을까.

성 밖으로 나왔다. 정면으로 보이는 다리 앞에 섰다. 그 유명한 아비뇽 다리다. 동요 가사처럼 다리 위에서 춤을 추고 싶다. 길 가는 사람이라도 붙들어 원을 그리며 춤을 추고 싶다. 저물어가는 오후, 사진 한 컷을 남긴다.

마른 잎 날리던 이 겨울도 곧 지나갈 것이다. 성벽에 뿌리를 내리고

아비뇽 다리

사는 이끼도 새봄을 맞으며 기지개를 켜리라. 저녁 무렵 성벽 돌이 촉촉하다. 인간의 숱한 애욕을 씻어 내릴 봄비를 기다리는가. 성 밖으로 불어오는 미스트랄도 욕망을 걸렀는지 온아하고 따뜻하다. 간교한 인간에게 내리는 신의 벌까지도 녹여낼 만큼 오래도록 평화로운 교황청으로 남길 바랄 뿐이다.

위험하고도 아름다운 곳, 벨 빌

– 에밀 아자르Emile Ajar의 《자기 앞의 생》

로맹가리(에밀 아자르), 용경식 역,
《자기 앞의 생》, 문학동네, 2013

"암만 생각해도 이상한 건, 인간 안에 붙박이장처럼 눈물이 내포된 것이다. 그러니까 인간은 원래 울게 돼 있는 것이다. 인간을 만드신 분은 체면 같은 게 없음이 분명하다." 《자기 앞의 생》의 인상적이었던 한 부분이다. 부모에게 버림받은 모모가 '버림받은'이라는 단어를 버리고 '버려진' 생을 꿋꿋이 살아내며 흘린 눈물이다. 엘리베이터가 없는 허름한 7층짜리 아파트에서, 창녀의 아이들을 돌봐주는 유대인 아줌마 로자와 창녀의 아이인 모모가 함께 살면서 겪은 슬프고 아름다운 이야기.

18구 몽마르트르

19구 벨 빌 공원

주인공 모모 이름을 딴 가게

20구의 메닐 몽땅 거리

이 소설을 여러 번 읽었지만 나도 내 안의 붙박이장처럼 눈물이 내포되어 있어서 그런지 읽을 때마다 눈물이 난다.

공간 배경은 발음을 해보면 입안에서 혀가 또르르 구르고 상큼 발랄, 달콤한 단물이 고일듯한데 단물이 아닌 눈물이 흐르는 곳이 될 줄이야.

가난한 이민자들이 많이 모여 살던 곳, 벨 빌Belle Ville. 직역하면 '아름다운 도시'인데 '이민자의 구역', '위험한 곳'이 되었다. 주인공 모모는 이민자의 아들이다. 1, 2차 세계대전을 경험한 작가 로맹 가리Romain Gary(1914~1980)도 이민자. 가명은 에밀 아자르. 모스크바에서 태어났으나 리투아니아와 폴란드를 거쳐 프랑스 니스에 정착했다.

나도 이방인으로서 잠시 이민자가 되어본다. 벨 빌을 찾아 나선다. 옛날에 내가 살았던 곳, 파리 지하철 3호선 페레르 역에서 출발한다. 세 개 역을 지나면 빌리에 역. 이곳에서 2호선으로 갈아타면 바로 그 벨 빌 역으로 갈 수 있다. 두려움 반, 설렘 반으로 가슴이 두근거린다.

이방인, 이민자의 삶이란, 눈물 젖은 빵이라도 아쉬운 게 그들이다. 내 나라에 살든 외국에 살든 누구나 이방인은 될 수 있다. 이방인이라는 단어에는 다소 눈물 어린 낭만이 서려 있기도 하다. 그러니 이방인이 이민자가 되면 낭만은 현실, 치열하거나 처절한 현실이 되지 않는가.

지하철은 낯선 이방인을 싣고 달린다. 모모가 사람으로 분장시킨 우산, 아르튀르를 앞세워 돈벌이하다 로자 아줌마에게 들통이 났던 그 삐갈 거리, 삐갈 역이 다가온다. 어둠의 골목, 창녀의 아이들이 살았다는 곳이다. 이곳에서 작가는 먼지가 소복이 쌓인 가로수를 말끔히 씻어내고 싶은 갈망이 있었을 게다. 세상을 뒤집어보고 싶은 욕망도 컸으리라. 그리고 나는, 소외된 자들에게 용기를 주고 싶어 했을 그를 생각해본다. 어린 시절부터 그가 겪은 것은 소외감, 고독, 전쟁, 불평등, 기울어진 세상일 게다. 그런데도 하밀 할아버지의 입을 통해 "사람은 사랑할 사람 없이는 살 수 없다"라는, 한 개인의 내적 고독을 아름답게 승화시켜 많은 이민자에게 희망과 위로를 주지 않았던가.

내가 모모처럼 버림받고 버려진다면 어땠을까. 아무런 보살핌을 받지 못하고 부모와 모든 이와 관계가 끊어진다면? 쓸모없는 물건처럼 버려진다고 상상해보면 붙박이장은 점점 더 커진다.

지하철 안 풍경이다. 백인은 보이지 않는다. 아랍, 알제리인처럼 보이는 사람들이 우르르 올라탄다. 요즘은 중국인이 가세해 마피아 행세를 한다는 소리까지 들었다. 왠지 공포감이 몰려온다. 몽마르트르 언덕에서 잡화품을 팔며 위협적인 행동을 하던 흑인, 소르본에서 만난 묘한 눈빛의 알제리인, 가판대를 놓고 키위를 팔던 아랍인의 험상궂은 인상 등 무서웠던 옛날의 경험 때문이다.

낭만에 젖고 소설 속 주인공과 공감하려다 큰일을 당하지 않을까. 벨빌까지 아직 다섯 역이나 남았다. 이 지역을 그린 작가의 시선에서 보면 이 작품으로 두 번째 콩쿠르까지 받는 영광을 얻었으니 벨 빌은 버려진 땅에서 캐낸 보석처럼 빛나는 곳이어야 맞다.

문학의 옥토가 왜 위험지역으로 내몰리는가. 삐갈역 다음부터는 지상철이다. 확 트인 바깥 풍경으로 거리를 훔쳐본다. 지하철 안에서처럼 백인은 거의 없다. 바흐베 로슈슈아르→ 라 샤펠→ 스탈린 그라드→ 조레스→ 콜로넬 파비엥→ 그리고 벨 빌! 역이름만 들어도 춥고 무서운 바람이 몰려오는 듯하다. 벨 빌역에서 내린다.

벨 빌은 파리에서 가장 높은 언덕, 고지대, 달동네다. 역 주변은 낙서들로 지저분하다. 보도블록은 울퉁불퉁, 움푹 꺼져있거나 볼록 올라오거나, 부서지거나 이가 빠진 곳이 많다. 틈과 균열이 자유롭다. 버스를

벨 빌역 주변과 언덕에 그려진 그라피티

타고 파리 북역 중심으로 빙빙 돌았다.

　건물 벽과 골목길 담벼락에 그려진 그라피티는 화려한 듯 어수선하다. 따뜻한 듯 서늘하다. 강렬한 듯 연약하다. 웃는 듯 울고 있다. 밝은 듯 깜깜하다. 진정한 자유, 예술의 면모일까. 분노의 표출일까. 가난하지만 모모처럼 자신을 할퀴지 않고 세상 풍파 이겨내며 어두운 이미지를 지우려는 강한 몸부림이라 여기고 싶다.

　어린 모모가 바라본 세상은 어땠을까. 아무 일이 일어나지 않고 고요해 보이나 곳곳에 천둥과 번개를 동반할 먹구름이 있다는 것. 경찰의 심문, 빵의 부재, 질병의 위험. 고요와 전쟁의 공존 안에서 휴가와 산책, 가족 나들이 상상하는 것조차 사치였을 게다. 열 살(실제는 열다섯 살)인 그에게 가족은 어떤 의미일까. 부모가 누구인지, 회교도 인이거나 유대인일 것이라는 추측만 할 뿐 아는 게 없다.

　부모란 외로운 바람이다. 그래도 부모의 부재에서 오는 현실의 파도가 거세질 때, 아편이나 환각 뒤로 도피하지는 않았다. 타락의 길에 들어설 유혹, 어른들의 냉소 어린 시선, 정체성에 대한 극도의 혼란 등 감당할 수 없는 내적 폭력도 참아냈다. 부모 대신에 로자 아줌마와 주변 사람들의 사랑 덕분이었다. 그 사랑이 있어 그의 세상이 어둡지만 않았다. 다시 지하철을 탄다. 삐갈역으로 되돌아가 몽마르트르로 올라가 볼 요량이다.

　저 아래의 세계는 저 너머의 세계다. 이쪽과 저쪽의 경계가 없었더라면 소설가의 눈도 달랐을 것이다. 한쪽은 웃고 다른 쪽은 울어야 하는, 양분된 색을 하나로 만들고 싶었을 게다. "모모야, 완전히 희거나 검은 것은 없단다. 흰색은 흔히 그 안에 검은색을 숨기고 있고, 검은색은 흰색을 포함하는 거지." 삶의 연륜에서 나오는 하밀 할아버지의 말. 흑과 백에 영혼을 입힌 것 같아 흑인에게는 얼마나 많은 위안이 되는가. 황인종인 나도 마찬가지다. 백인에게는 깊은 배려와 이해의 감동이 있을 거다.

어느덧 골목골목 어둠이 내려앉는다. 가로등은 왜 그리 빛나던지. 아르튀르를 들고 있는 모모를 불러 그가 좋아하는 바나나 아이스크림이라도 사주고 싶다. 함께 아이스크림을 먹으면서 양탄자를 팔고 있을 하밀 할아버지도 초대하고 싶다. 늘 빅토르 위고 같이 말을 잘하는 사람이 되고 싶었던, 말은 사람을 죽이지 않고도 뭐든 다 할 수 있다고 생각하는 하밀 할아버지는 벨 빌의 정신적 지주가 되고도 남았으리라.

저 멀리 벨 빌의 허름한 아파트 7층에 사는 로자 아줌마가 힘들게 계단을 오르며 쌕쌕거리는 숨소리가 들리는 듯하다. 병든 아줌마의 말년을 지키는 모모의 사랑 어린 눈빛도 아른거린다. 세월 앞에 장수가 있으랴. 서로 의지하고 지지해주던 그들도 상승과 하강, 생과 사의 원리를 비껴 살 수 없었으리라.

하루하루 끼니를 이어가기 어려우나 카메룬 출신의 왈룸바, 블론느 숲에서 여장으로 돈벌이한 세네갈인 룰라 아줌마, 하밀 할아버지, 지움씨 형제, 카츠 의사, 나이지리아 출신의 은다 아메데씨 등의 도움으로, 그들의

몽마르트르 언덕의 사크레쾨르 대성당

르픽 거리의 치즈 가게와 와인 가게

따뜻한 사랑으로, 임종 직전까지 어린아이가 두려움을 이기며 살아갔다니 얼마나 다행인가. "로자 아줌마 없이 혼자 살아갈 생각을 하면 너무 겁이 난다"라고 입버릇처럼 말하지 않았는가.

주변의 친절함과 지금까지 자기를 키워준 로자 아줌마에 대한 고마움을 느끼며 어린아이답지 않게 인생을 그려내는 모모를 생각하면 나도 삶이 그저 고마울 따름이다. "로자 아줌마를 죽인 것은 생이지만 그녀를 이 세상에 태어나게 한 것도 바로 신비롭고 경이로운 생이라는 것"을 깨닫지 않던가. 소설가 조경란이 "슬픈 결말로도 사람들은 행복해질 수 있다."라고 말한 것까지.

몽마르트르 언덕을 내려오며 르픽 거리로 들어선다. 채소가게, 치즈가게, 생선, 고기, 포도주, 빵집, 꽃가게들이 늘어서 있다. 긴장된 마음이 다소 풀린다.

검은 대륙 같아 보이는 소설의 배경지, 그곳도 낮에는 하늘이 푸르고 드높았을 테고, 밤에는 별이 총총 어둠을 밝게 밝혔을 테다. 어스름한 저녁 하늘로 겨울새 한 마리가 뒤뚱거리며 날고 있다.

처음은 늘 끝이 되고 끝은 처음으로 돌아간다. 위험지역은 안전하고 아름다운 곳이 될 수 있고 안전한 곳이 위험지역이 되는 것은 자연의 순리요, 순환의 이치요, 삶의 아이러니다.

파리의 벨 빌! '버림받음'과 '버려진'이라는 단어가 빼곡하고 위험하다는 생각은 이제 접자. 흑을 환승하고 흑과 백의 경계가 무너진 아름다운 벨 빌역으로 만들자. 무경계의 역으로 갈아타자. 벨 빌의 모모도 경계의 속박에서 영원히 자유롭기를. 눈물의 창고, 붙박이장도 완전히 철거되기를. 아픔은 그만, 경건한 사랑으로 작별을 고하리라. 어둠의 거리였던 그곳에서 《자기 앞의 생》을 비추는 모모의 마음이 환히 빛나리라.

　오늘날, 세계 곳곳에서도 이민자들은 숨어서 눈물을 흘릴 거다. 모모는 말하고 싶을 것이다. 붙박이장을 없애고 또 다른 《자기 앞의 생》을 당당히 써 내려가라고.

목마르다, 신이시여!

– 아나톨 프랑스Anatole France의《신들은 목마르다》

아나톨 프랑스, 김지혜 역,
《신들은 목마르다》,
뿌리와 이파리, 2011

불쌍한 사람을 보고 그냥 지나칠 수 없는 성품에 정의롭기까지 한 사람도 어느 한 곳에 맹목적인 신념을 갖게 되면, 무자비하고 폭력적인 사람이 될 수 있겠다는 생각을 해본다.

프랑스 작가 아나톨 프랑스Anatole France(1844~1924)의 역사소설,《신들은 목마르다》에 나오는 주인공, 가믈랭이 그렇다. 그는 따뜻한 마음을 지닌 화가였으나 혁명의 와중에서 점점 비인간적인 괴물이 되어간다. 이 소설은 프랑스 로베스피에르의 공포정치 때, 파리를 중심으로 시대와 이데올로기에 따라 인간이 얼마나 무섭게 변할 수 있는가를 보여준다. '정의, 신념, 민중'이란 무엇인가를 깊이 생각해볼 수 있는 작품이다. 18세기를 배경으로 한 이 소설의 공간을 따라가 본다.

파리 도핀 광장이다. 역삼각형으로 되어 있어 특이하다. 지금은 아름다우나 예전엔 소박하거나 초라한 집들이 많은 자리를 차지했을 것이다. 수공업자, 문구업자, 세공사, 시계상, 인쇄공, 세탁업자들이 생계를 이어가기 위해 옹기종기 모여 살던 곳이기 때문이다. 무명 화가, 가믈랭의 작업실도 이곳에 있었다.

이곳의 파리 최고법원을 보노라면 "어떤 소요에도 흔들림 없이 차분한, 늙은 법률가 몇몇이 살고 있었다."라고 작가가 했던 말이 떠오른다. 지성과 위엄, 정의의 상징적 건물이다. 그러나 혁명재판소에선 무고한

파리 최고법원

사람들이 유죄판결을 받고 죽어 갔다. 혁명이 진정 민중을 위한 것이었는가. 불의의 대척점에서 정의를 위한 외침이었을까.

이 광장을 중심으로 한 퐁네프 다리, 샹젤리제와 생제르맹 거리, 몽테뉴와 오노레 거리, 생 도미니크 거리 등이 작품 속 인물들의 생활 반경이다. 걸어서 갈 수 있는 곳이다. 아름다운 공간이 공포정치의 중심에 서 있었다니 복잡 미묘한 심정이다. 커피 한 잔을 들고 센강변에 섰다. 잠시 머리를 식힌다.

센강변에 줄지어 있는, 허름한 헌책방들이 시선을 사로잡는다. 아! 아나톨 프랑스가 그토록 아끼던 장소가 아니던가. 헌책방 주인들에 대한 그의 각별한 애정

생 제르맹 거리

센강변 고서적방

이 묻어나는 곳. 가믈랭이 그림을 그려 겨우 끼니를 이어갔던 곳도 바로 이곳 헌책방 부근이려니. 그림을 그리며 감성에 젖어 사는 사람도 그렇게 무섭게 변할 수 있던가.

맹목적인 믿음을 신념으로 여기는 사람들, 오로지 대혁명만이 민중

앵발리드

콩코르드 광장

을 구할 수 있다는 광신에 빠진 이들이 남긴 무고한 피의 현장은 작가의 말대로 "피에 목마른 신들을 위한 것"이었으리라. 신으로부터 가장 완벽하게 빚어졌다는 인간, 그러나 인간의 불완전함과 부조리함을 어찌할 것인가.

《신들은 목마르다》의 제1장에 "자유, 평등, 박애가 아니면 죽음을"이라는 대목이 있다. 가믈랭은 교회 건물 정면에서 겉게 쓰인 이 글귀를 본다. 종교 위에 민중의 소리가 있음을 암시하는가. 나는 사크레퀴르나 마들렌 성당을 지날 때도 이 글귀가 붙어있다고 착각한다.

대혁명의 열광에 빠진 가믈랭은 혁명만이 인류를 행복하게 해줄 수 있다고 맹신하는 인물이다. 자유와 죽음을 동일시하는 극단주의자 같아 보인다. 혁명재판소의 배심원이 되면서 죄인은 물론 무고한 사람까지도 단두대로 보내 혁명 과업을 완성하려 하던 위험천만의 환상에 빠진다. 혁명정부의 주요 인물인 로베스피에르가 총탄에 쓰러지자 가믈랭도 자신의 행동이 부메랑으로 돌아와 반대파들에 의해 단두대로 끌려간다. 그가 늘 입버릇처럼 말하던 민중, 민중, 그 민중에게 "일당 18프랑짜리 살인자"라는 소리를 들으며 쓸쓸히 최후를 맞이하지 않았던가.

앵발리드, 콩코르드, 방돔, 가루젤. 혁명의 소용돌이에 휘말렸던 광장들이다. 해 질 무렵 앵발리드 광장은 황금빛으로 눈부시다. 이 광장에서 좌우로 살피면 파리에서 가장 아름다운 다리인 알렉상드르 3세 다리가 보인다. 그리고 크고 작은 옛 궁전인 그랑 빨레와 쁘띠 빨레, 부상당한 군인이나 퇴역군인들을 위해 지어진 건물 앵발리드가 있다. 가믈랭이 보석 가게에서 은반지를 사서 연인 엘로디에게 끼워주었던 곳이기도 하다. 현재는 모두 박물관으로 쓰인다. 건물의 금빛과 불그스름한 낙조가 만들어낸 햇무리에 사로잡혀 이 앞에서 추억의 한 컷을 남긴다.

파리는 사통팔달 아무 곳으로나 다 통하게 되어있다. 발길 닿는 대로 걷기만 하면 곳곳이 기억에 남을 장소로 작품의 배경이 된다. 앵발리드를 지나 도착한 곳은 콩코르드 광장이다. 지금은 거대한 돌기둥과 멋진 분수가 있고 하염없이 앉아 파리지앵이 되고 싶은 곳이기도 하지만 대혁명의 죄인들이 단두대에서 참수된 곳이기도 하다. 여기서 생각나는 두 사람이 있다. 루이 16세와 마리 앙투아네트다.

그 옛날 마리 앙투아네트가 처형되기 전 갇혀있었던 감옥도 가까이 있다. 콩시에르주리. 그 안이 무척 궁금하다. 마리 앙투아네트의 컴컴한 독방이 그대로 보존되어 있다. 창밖 정원을 볼 수 없게 커튼이 드리워져 있다. 옆방에는 교수형을 당해 형장의 이슬로 사라진 인물들의 명단이 벽에 붙어 있다. 그녀와 루이 16세는 단두대에 오르기까지 자신들을 성찰했을까. 무슨 생각을 하며 하루하루를 지냈을까. 피에 목마른 신들이 갈증을 없애려 이들을 악의 화신으로 만든 것일까.

콩시에르주리

마리 앙투아네트가 갇혔던 감옥

뤽상부르 공원

　쓸쓸한 현장을 떠나 내친김에 소설 속 두 연인이 데이트했던 곳, 뤽상부르 공원까지 걸어가 본다. 아쉽게도 두 연인의 사랑은 한순간으로 끝났다. 엘로디는 가믈랭을 사랑했으나 그의 잔혹한 변신에 한계를 느꼈던가. 사랑은 순수하기만 한 것일까. 인간의 참모습이 어떤 것인지 물음표를 달아본다.

　작가가 원하는 가믈랭은 극단적이기보다는 합리적인 인물이 아니었을까. 작가가 원하는 사회는 이상적이기보다 덜 불편하고 덜 억압적인 사회이었으리라. 기득권층에 대한 반항으로 혁명당원의 일원이 되지만 아쉽게도 혁명의 주도권자들 또한 새로운 기득권층을 만들어낸다는 인간의 모순과 한계를 보여준다. 선은 선을 낳고 피는 피를 부른다는 것을 인물들의 대화에서 알 수 있다.

가믈랭의 어머니는 아들에게 이렇게 말한다. "대혁명이 평등을 정착시킬 거라고는 말하지 마라. 사람들은 결코 평등하지 못할 거니까. 그건 불가능한 일이거든. 그러니 아무리 나라를 뒤집어봤자 소용없어."라고.

평등! 민중을 중심으로 이뤄낸 혁명 기간에도 세금을 내지 못하면 선거권을 받지 못하도록 만들어놓은 법이 있었는데 어떻게 평등사회가 이루어질 수 있을까. 자유! '자유 아니면 죽음'이라는 구호를 내걸고 공포정치와 혁명정부의 또 다른 도구로 사용하지 않았을까. 박애! 인격과 인간애를 찾아볼 수 없는 박애는 헛말에 불과한 것이리라. 아무리 대혁명이 거듭 일어나더라도 공정하지 못하고 새로운 억압 체제와 비인간적인 사회에서는 '자유, 평등, 박애'는 공염불이 될 수 있다는 것을, 어머니는 혜안으로 아는 듯하다.

가믈랭이 혁명재판소의 배심원이 되기 전 가난에 찌들어 살던 집이 있었던 거리, 성 도미니크 거리를 지난다. 가난이 궁극적으로 잔인함과 폭력성, 광기를 불렀을까. 아니다. 인간의 본질과 조건을 좀 더 잘 이해했더라면, 사랑하는 사람 엘로디와 노모와 함께 잘 살 수 있지 않았을까.

목마르다. 신이시여!

끊임없이 이상을 추구하나 완벽한 실현은 없을 듯, 인간의 한계와 불완전한 조건. 의무감만으로 목소리를 높이는 인간이 덧없음을. 가믈랭처럼 이데올로기나 진리에 대한 맹신으로 가엾은 인간이 될 수 있음을….

센강을 따라 유유자적 낭만에만 취할 수 없는 것이 아쉽지만 아픈 역사 없이 아름다운 현실이 있겠는가. 변화를 위한 소용돌이 없이 발전이 있을까. 건물과 환경과 각 분야의 시스템은 많이 바뀌었다. 하지만 인간, 욕망하는 주체로서의 인간은 순기능으로 변화를 이끌었을까.

　18세기가 아닌 21세기다. 폭력이 아닌 촛불로 우리는 새로운 시대를 열었다. 신성한 촛불이 꺼지지 않고 목마른 자들의 희망이 되어주기를 소망한다. 두 손으로 모아든 초도 굽어지거나 휘지 않기를, 영원히 활활 타올라 우리 사회의 진정한 정의가 구현되기를 염원한다.

3부

센강의 방랑객, 랭보와 함께

파리 지하철 1호선, 시청역 5번 출구로 나온다. 지상의 건물 하나하나가 예술이다. 그 사이사이 여유의 틈을 비집고 들어간다. 공간과 시간이 나를 반기고 오랜만의 조우가 낯설지 않은지 낮의 햇살은 내 마음을 환히 비춘다. 8년 만에 다시 온 파리다. 도시의 바람은 슬픈 사람에게든 기쁜 사람에게든 세상의 소문을 날라준다. 멋진 카페들은 너와 나, 이방인에게 문을 연다. 내 마음도 활짝 연다. 파란 눈, 갈색 눈, 초록 눈, 검은 눈이 한곳에 모여 나를 관통한다.

바로 옆 센강엔 유람선이 쉼 없이 오간다. 과거의 추억과 현재의 이야기를 부지런히 실어 나른다. 관광객들의 환호 소리는 슬픔을 기쁨으로 치환해 줄 것 같다. 다시, 새로움에 대한 설렘으로 오늘 하루 멋진 방랑을 하고 싶다고, 센강과 파리를 이고 있는 하늘에 넌지시 말을 건넨다. 강변의 무수한 풍경이 내게 하나의 의미가 되기까지 내 방랑의 발끝은 쉼 없이 움직이리라.

파리 시청

　제스브르Gesvre 부두에서 걷기 시작한다. 아르콜Arcole 다리를 중심으로 센강변 좌우가 전부 헌책방이다. 아주 오래전에 발행된 책부터 화보, 엽서, 동화, 고전 등 없는 것 빼고 다 있다. 파리명소 그림을 담은 가방도 있다. 기념품도 판다. 내가 꼭 찾으려는 책이 있어 이쪽 부두에서 저쪽 끝까지 다 순례했지만 결국 못 찾았다. 변변한 책꽂이가 아닌 나무판자 위에 올망졸망 앉아 있는 헌책들. 과거와 현재, 미래의 인간사를 들여다보고 내다보는 통찰력과 예지를 지녔던 그들 주인의 선견과 영혼을 사랑하는 헌 책들이다. 두 손 모으듯 공손한 자세로 바짝 엎드린 글자들은 전 장르의 책이 지닌 미적, 문학적, 예술적 가치에 대해 서로 말을 주고받을 거야, 아마. '나, 역사를 말할 수 있어. 문학이란 무엇인지 나에게 물어봐. 예술, 철학, 종교 등 궁금한 것 다 내 안에 있어'라고 하며 주인의 확고부동한 정체성과 세계관을 답습하며 자부심과 자존감 가득한 삶을 이어가며 묵묵히 센강변을 지키는 듯하다.

제스브르 부두

센강의 유람선

강변을 해변으로 만들어놓은 쉼터

센강변 헌책방

    길가 가로수 그늘이 제집인 양 낭만과 운치를 즐기는 그들이다. 어디에서도 볼 수 없는 풍경에 빨려들어 가판대를 만져보고 헌책을 쓰다듬으면 책방 주인은 빙그레 미소를 짓는다. 내가 찾는 책이 혹시 자기 집에 있을지도 모르니 내일 다시 와보라고까지 한다. 책방 주인과 약속을 하고 센강 쪽으로 더 가까이 내려가 강변을 해변으로 만들어놓은 쉼터로 간다. 밀크커피 한 잔 주문하고 자리를 잡는다. 2, 3분 간격으로 유람선이 다닌다.
    사람 꽃을 실은 유람선은 각각의 언어로 파리를 안내한다. 시간을 즐기게 해주는 사람들과 시간을 즐기는 사람들로 가득하다. 강의 시작점이나 종착점에서 언제 비구름을 몰고 올지 모르지만 지금 파리 하늘은 새하얀 뭉게구름을 마구 만들어낸다. 파란색과 흰색의 선명함은 유람선의 분위기를 한껏 띄운다.
    아르콜 다리 아래서도 퐁네프 연인들처럼 수많은 사랑이 익었다가 사그라들기도 한 짝들이 많았을 게다. 울고 웃던 사랑, '애별리고, 원증회고'의 장소가 아니었을까. 그들 사랑의 숨결이 살아나듯 강과 도시의 경계를 그은 벽, 벽돌 하나하나가 풍화된 듯 갈색, 회색, 베이지 등 울퉁불퉁, 잔구멍이 나 있다. 그젠 비가 왔고, 어젠 바람이 많았고 오늘은 약간 더운 날씨, 이 모든 것이 그들 사랑의 배경이 되었을 것이다. 강과 물과 도시, 벽과 강변의 나무들 사이에서 서로 끌었다 밀었다 안았다 풀기를 반복한 밀당의 배경지였으리라. 그 또는 그녀, 너 또는 내가 가까운 듯 멀리, 먼 듯 가까이서 서로를 품었다가 풀며 시공을 채워나갔으리라. 나 또한 이곳에서 이제는 영원히 돌아오지 못하는 과거를 불러와 물속에 내 그림자를 만들고 지우면서 다시 오지 못할 시간에, 내 서늘한 마음에 온기를 넣어볼까, 공상에 젖는다. 강물에 떠도는 윤슬은 모든 것에 가능성을 열어두라는 듯 부추기듯 높고 낮게, 봉긋 위로 올라오다 아래로 결을 감춘다. 잔잔히 이는 거품, 인간은 누구나 존재의 가치가 있음을, 물결의 색처럼 푸르고 푸름을 일러준다. 유람선이 한 번 지나가면 좀 더 거센 물결이 파도처럼 나를 향해 밀려오다 손짓한다. 그 몸짓은 세차고 융숭 깊다. 깊어가는 여름이 잠자던 내 감성을 깨운다. 나에게도 무의미한 일상이 의미 있는 외미로의 획득이 가능할까.

갑자기 먹구름이 인다. 변덕스러운 날씨, 환상에서 깨어나라는 듯 눈덩이 부풀듯 꿈에 젖은 시간을 거두라는 뜻인가. 다시 주섬주섬 우산을 꺼내고 자리에서 일어나 부두를 떠난다. 잔구멍이 한없이 뚫린 강 벽이 강변 벤치에 죽 앉아 있는 사람의 숲을 여전히 막아주고 있다.

거리엔 형형색색 우산이 물결을 이루며 인파에 발을 맞춘다. 다리 건너 노트르담까지 가는 길목은 비와 관계없이 관광객의 숨결이 빛의 열기 못지않다. 멀리 떨어져서도 우뚝 솟은 노트르담. 지금은 화재로 인해 입장 불가이지만 불탄 모습과 재건 중인 모습을 보기 위해 아직도 노트르담은 관광객을 불러모은다. 처참히 불탄 노트르담이 부활을 위해 온몸에 철제를 둘렀다.

　영화 〈Before Sunset〉의 주인공들이 노트르담 앞 다리를 건너 뷔셔리가Rue de la Bucherie에 있는, 북 사인회를 했던 〈Shakespear and Company〉서점, 그 옆 카페에 앉아 노트르담 측면을 본다. '우리들의 성모님'이란 뜻의 노트르담Notre Dame, 성모님이 화재 사고를 당한 느낌이다. 내 마음과 달리 카페 앞에서 흔들리는 나무와 꽃은 연신 관광객을 맞이하며 몸을 흔든다. 서점엔 관광객이 너무 많아 줄을 오래 서야 하기에 들어갈 엄두도 못 낸다. 카페에서 에스프레소를 아껴 마시며 시

온몸에 철제를 두른 노트르담

175

Shakespear and Company 카페 그리고 서점

간을 벌고 있다.

시청 쪽에서 바라본 센강과 노트르담 쪽에서 바라본 풍경은 같은 듯 다르고 다른 듯 같다. 헌책방들로 죽 늘이선 공간과 영화 속 현대식 서점의 공간이 대비된다. 이쪽저쪽 모두 활자가 남긴 서정이 인간의 마음을 파고든다. 고서적이나 신간이나 인간의 마음 깊숙이 깔린 어둠을 건져내고 맑고 밝게 씻어내 주는 감성 구역이라는 점이 친근한 동일점이다. 활자에는 늘 생명이 숨 쉬고 있다고, 인간의 허한 가슴을 토닥여준다고, 속말을 하며 카페를 나온다.

버려야 할 시간도 자투리 시간도 없이 아직도 유람선은 센강 위에서 길을 내고 있다. 어스름한 해 질 녘, 도시의 불빛과 어우러져 강물이 춤을 춘다. 곡예를 준비하듯 천천히 빛을 빨아들인다. 강의 수면과 불빛은 한 몸이 되어 돌아가려는 나를 돌려세운다. 외로운 시간에 숨지 말고 쏟아지는 빛의 시간과 강을 푸르게 즐기기를 주문한다. 더욱 강렬한 불빛으로 불빛의 선한 속임수에 눈을 감아주기를 원하듯 깜빡거림에 속도를 낸다.

강과 불빛에 붙잡힌 나는 다시 강둑에 자리 잡았다. 불빛이 강물과 춤추는 동안 한 편의 시와 고독을 즐기리라고 운을 뗐다. 16살부터 19살까지만 시를 쓰고 절필했던 '바람 구두를 신은 사나이' 아르튀르 랭보Arthur Rimbaud! "터진 주머니에 손을 넣고 걸었지"로 시작하는 그의 시 〈나의 방랑〉을 읊조리며 오늘의 방랑에 마침표를 찍는다.

미완의 고독, 반 고흐

반고흐를 찾아가는 길, 오베르 쉬르 우와즈Auver-sur-Oise. 우와즈 강은 물색과 관계없이 물 위에 드리워진 구름 그림자가 한 예술가의 외로움처럼 아직도 강 위를 넘실대며 완성되지 못한 고독으로 허덕이고 있을까. 파리에서 북서쪽으로 30km 떨어진 곳, 기차로 1시간 정도. 반고흐가 생을 마감하고 영원한 안식에 늘었던 곳이다. 오베르의 밀밭 배경, 일출과 일몰이 붉게 손짓할 것 같고 그곳 풍경이 우와즈 강으로 미끄러질 듯한 상상을 밀어 넣는다. 파리 생 라자르St Lazare역에서 장거리 노선Grande lignes 쪽으로 가 먼저 뽕뜨와즈Pontoise행 기차를 탔다. 혼자 가는 초행길이라 살짝 불안감이 있다.

고흐가 오베르 쉬르 우와즈 가는 첫길도 나와 같은 심정이었을까. 근교로 가는 기차라 오전 10시경엔 자리가 많이 비었다. 기차는 깨끗하고 의자도 천갈이했다. 파리 올림픽 준비를 위해 무척 신경을 쓰는 듯하다. 이른 아침 창틈으로 햇살이 쏟아지는 기차 안 풍경은 움직임이 정지

된 정지화면처럼 모두 핸드폰을 보고 있다. 반면 나는 기차 안에서 무한한 날개를 펼치며 '경험은 혼자 해야만 잊지 않고 과정을 기억할 수 있다'며 온갖 상상을 한다. 한국에서도 홀로 떠나는 것을 두려워하던 내가 이제 혼자 다닌다.

창밖은 고요 자체, 온통 수목으로 가득한 초록 숲이다. 나무 위로 내리쬐는 오전 햇살이 반가운지 잎들이 반짝인다. 첫 번째 역인 아르장뙈이Argenteuil역에서 몇 명이 하차한다. 각각 제 방향을 찾아가는 사람들, 처음 보지만 손을 흔들어주는 모습에 그들과 나는 낯섦을 지우고 친숙함으로 다가간다. 맑은 하늘이 언제 얼굴색을 바꿀지 모르나 지금의 이곳 날씨와 사람들은 내 불안한 마음을 녹여준다. 시골집을 구경하며 가는 재미도 있다. 집마다 아담하고 예쁜 정원이 있어 보는 이의 마음을 즐겁게 한다. 에르블레이 쉬르 센느Herblay sur Seine역에선 성당의 종탑도 보인다. 25분이나 지났는데 아직도 센강 자락인가보다. 내리는 사람을 보면서 '기억하자, 기억하자' 하며 세뇌를 한다. 프랑스 기차나 지하철에서 내릴 땐 반드시 버튼을 눌러야 문이 열린다는 사실, 잊지 말아야 한다. 습관이란 무서워 서울과 다름을 자꾸 잊는다. 뽕뜨와즈역에서 크레이Creil행으로 갈아타야 하는데 파리행과 같은 플랫폼이라 헷갈린다. 방향을 잘 보고 타야 한다. 11시 1분 기차다. 11과 12 플랫폼 표시가 나란히 있길래 12 플랫폼에서 기다렸는데 11이 잘 안 보이는 곳에 있어 기차를 놓쳤다. 1시간을 더 기다려야 한다. 이것이 경험이다. 숨은그림찾기도 아니고, 오 마이갓. 플랫폼에서 1시간 더, 이런!! 화장실도 가고 싶은데 난감하다.

고흐를 보기도 전에 지친다. 뽕뜨와즈행 플랫폼에서 벌써 고흐의 고독을 실감한다. 역의 풍경도 외로움이다. 이 역을 분명 한 번은 통과했

고흐 공원의 고흐 동상

으리라. 갑자기 내가 앉은 플랫폼 의자에 그가 앉았을 것 같기도 하다. 무슨 생각을 했을까, 이 자리에서. 저쪽 플랫폼을 갈 수 없고 그 어떤 것도 보기만 할 뿐 만질 수 없다. 되는 것이 없고 공유함이 없다는 것, 철길 전선 위로 걸려있는 구름이 뭉게뭉게 뭉쳤다 풀어지기를 반복한다.

내가 가보지 않은 세계로 가기가 험난하다. 낯선 곳의 구름도 여전히 흰색일까. 고흐는 외로움 짙은 회색으로 구름 색도 바꿨으리라. 내가 언어 위에 외로움을 묘사한다면 그는 화폭에 고독을 그리지 않았을까. 드디어 12시 1분 기차를 탔다. 에어컨이 나온다. 창밖을 보니 우와즈 강이 흐른다. 얼마 가지 않았는데 벌써 오베르 역이다.

역에서 나오니 바로 고흐 공원이 있다. 최초의 입체파 조각가 오씹 자킨Ossip Zadkine이 깡마른 고흐를 조각해놨다.

이 동상을 보면 깡마른 몸과 정신적 허덕임을 동일시하게 된다. 불안한 예술가의 혼이 불길한 마음으로 스멀거려 부정적 예측을 떨칠 수 없다. 어두운 그림자를 벗어 던질 수 없을 만큼 이미지가 짙다. 고독을 친구 삼아 즐겼더라면 고독을 완성한 예술가의 모델이 되었을 텐데, 미완의 고독이 전이된 듯 내 가슴도 헛헛하다. 저 맑은 햇살의 기운에 기대야만 할 것 같다.

그의 말년을 보낸 라부 여관 다락방, 7개월간 70여 점의 그림을 그린 그, 제정신으로 그리진 않고 신들린 듯 그렸을 것이다. 그 방과 침대 프레임이 그대로 남아있다. 올라가는 계단을 세게 밟기라도 하면 아픈 사람을 더 아프게 하는 느낌이 들어 발이 움찔한다. 그는 갔으나 세상이 그를 기억하고 예술의 혼이 계단 틈 사이 고스란히 스며있다.

미완의 고독으로 스스로 생을 마감했던 방을 뒤로하고 동네 골목길을 찾아 나선다. 오베르 마을은 고흐처럼 수확할 거리가 많은 곳, 여름 햇살과 구름처럼 풍성하다. 〈까마귀가 나는 밀밭〉을 그린 날 날씨는 어땠

라부 여관

라부 여관 2층으로 올라가는 계단

까마귀가 나는 밀밭

오베르 성당

고흐와 테오가 묻힌 묘지

을까. 그림 팻말이 붙은 모서리를 만지고 싶어 살짝 터치해 보았다. 차가운 촉감에 나도 몰래 화들짝 몸을 흔든다. 그림과 밀밭 사이에서 스멀거리는 냉기를 없애려 위를 올려다본다. 그림의 하늘은 새파란데 내가 찍은 사진의 하늘이 먹구름 몰고 올 듯 어둡기만 하다. 밀밭 한가운데로 나 있는 이 좁은 길을 얼마나 오고 갔을까. 길 위에서 자신의 생을 어떻게 정리할지를 조금이라도 준비했을까, 아니면 즉흥적 심리 불안에서 온 마지막 선택이었을까. 생각할수록 내 마음이 어두워 수확을 끝낸 밑둥치에만 자꾸 눈길이 간다. 수확의 끝은 끝이 아니라 또 다른 기약의 의미임을 이 광활한 공간에 채워놓고 갔겠지. 곧 붉은 석양이 공허한 공간을 완충하리라. 그의 삶과 운명을 교체할 수 없다는 듯 밀밭은 다시 새순을 기다리며 가볍게 누워있다. 어쩌면 고흐에게 영원한 이별을 고하며 영원한 휴식을 주지 않았을까. 강의 수평선도 바람에 흔들리며 소리 없이 몸을 흔들며 애도했으리라. 무엇이 그리도 혼을 불안케 했을까. 불안이 엄습할 때마다 성당이나 교회에 앉아 마음을 가라앉히고 돈 걱정과 삶의 고뇌를 제단에 바쳤을까. 다 토해내지 못한 슬픔, 외로움도 예수님께 바치며 견뎌내는 방법을 터득했을까. 성당 그림을 그리며 종탑에서 들리는 종소리가 불안한 삶에 불협화음은 이루지 말았어야 할 걸, 하면서 나도 성당을 보며 기도를 올리고 떠났다.

    정상을 건너뛰고 불안을 베개 삼아 적막과 외로움, 고통을 쏟아내며 단시일 내 다작을 쏟아내고 쉼표가 아닌 마침표를 찍고야 마는가. 난 혼자 이곳을 찾았지만 요지부동 견고한 마음은 아니다. 늘 감정이 급강하거나 급락하지는 않는다. 그림자를 몰고 오지만 그림자란 밝음이 있어야 만들어지는 법이니 어둠이 내리기 전에 길의 먼지처럼 무참히 밟고 싶지는 않다.

성당을 지나간다. 밀밭도 지나 한참을 걸으니 고흐와 테오가 묻힌 묘지가 나온다. 밀밭이 뙤약볕 내리는 긴 사막 같은 느낌을 준다. 내 마음속 무거운 짐이라도 짊어진 기분이다. 느리게 느리게 보폭을 조절한다. 좀 전만 해도 차분하던 오감이 갑작스레 고흐의 외로움과 내 것을 저 파란 하늘에 날려 보내야 할 것 같은, 마음의 섬 하나가 치고 들어온다. 죽음으로 가는 길목을 서성이던 망자의 외로움이란, 늘 우리 곁에 있기 때문이 아닐까.

그가 남긴 그림의 배경지, 오베르 성과 시청, 그리고 고흐가 즐겨 찾던 압생트 카페를 개조해 만들어놓은 압생트 박물관을 보고 한 번 더 그가 그렇게 사랑했던 오베르 대자연의 바람을 들이마시고 귀갓길을 재촉하며 역으로 발길을 돌린다.

뽕뜨와즈행 기차를 기다리는 플랫폼에 나 혼자 의자를 지켰던 것. 평일이라 해도 같은 방향으로 가는 사람이 아무도 없었다는 것. 고흐의 처지를 생각하면서 처절함과 외로움을 말하면 사치에 지나지 않지만 적어도 고독을 뼈저리게 느낄 수 있었던 하루였다.

돌아오는 길에선 고흐의 고독 때문인지 피곤이 밀려온다. 내가 그의 밀밭을 갈고 온 듯 온몸이 뻐근하고 쑤신다. 고독의 밭을 쑤셔놓고 오긴 했다. 외로움에도 고저장단이 있을 듯 하루에도 그 간극이 얼마나 크게 왔다 갔다 했는지 내가 그의 마음에 공감해주면 조금이라도 위로가 될까 싶어서였다. 우와즈 강의 강물은 그의 생을 어떻게 해독했을까 내내 궁금했다. 그의, 미완의 고독을 풀어냈을까. 사람은 사라지고 그림과 흔적만 남은 이 동네가 또다시 누군가의 새 캔버스가 되어주리라.

창밖의 풍경은 구름 속에 묻힌 무채색이다. 기차의 속도와 내 감정의 눈높이에 맞춰 사람과 사물이 구부정한 곡선이다. 굴곡의 주름 사이로 스치는 바람이 불기도 전에 나는 내일 또 어디론가 떠날 궁리를 한다.

   그는 고독을 동반했고 나는 그의 고독을 동반했다.

수련과 빛, 언어에 스며들다

　붓을 꽃대 삼아 꽃을 피워올릴 것 같은 싱그런 꽃밭이다. 물감 뿌려 그의 꽃 정원과 물 정원, 수련을 그리고 싶은 곳이다. 수련과 함께할 시간이 마음을 흔든다. 분홍 꽃잎이 물 위에 오도카니 앉아 낯선 이방인을 반갑게 맞아주며 손 흔들어줄 것 같고, 지쳐있던 이를 토닥여주고 업어줄 것 같아 미리 위로를 청해본다. 고흐에게 '외로움'이 있다면 모네에겐 '초록 영토'가 있다. 각양각색 꽃의 밑 배경만이 아니다. 커다란 모네 집의 유리창 덧문인, 볼레Volet 색도, 물 정원의 아치형 다리도 초록이다. 한눈에 들어온 색이 강렬하다.

　내일이면 그곳에 간다. 밤새 설렘으로 잠을 미룬 채 새벽을 기다린다. 점심으로 먹을 샌드위치를 만들고 프랑스에서 값싸게 먹을 수 있는 멜론과 체리를 준비한다. 주스도 챙겨 넣으며 콧노래를 부른다. 인상파 화가 모네의 마을, 지베르니Giverny를 향해 출발하기도 전에 마음은 벌

모네의 집

써 그곳에 가 있다. 혼자 교외선 기차를 타고 가기엔 좀 복잡하다. 파리 여행사 단체 패키지를 예약했다. 지하철 6호선, 트로카데로역 2번 출구에 있는 CAFE KLEBR에 모여 8명이 한 그룹으로 떠났다. 1시간 정도 지나니 지베르니 마을이다. 모네가 작품의 모티브를 고민하다가 정착한 곳이 바로 이곳이고 86세 나이로 생을 마감할 때까지 정원을 가꾸고 그림을 그리면서 산 곳이다. 어떻게 이렇게 아기자기하고 예쁜 마을에 정착했을까.

모네의 집에 들어서자마자 수련이 물 위에 둥둥 떠 있는 물 정원으로 발을 먼저 내민다. 내 그림자도 발의 속도를 따르느라 바쁘긴 마찬가지다. 꽃핀 자리 꽃이 질 테고 꽃 진 자리 꽃이 필 테지만 지금 나를 반기는 한 무리의 꽃섬은 영원히 지지 않을 듯 나를 유혹한다. 꽃섬이 여러 개다. 꽃섬 사이사이 물의 영지는 태양을 내세워 그림자놀이에 여념 없다. 물 아래 드리워진, 거꾸로 그려진 물상이 오묘하고 신기하다. 다리 한쪽

물 정원의 수련

  을 물에 담가 물그림자 놀이에 한 바탕 뛰어들고 싶구면, 아주 미세하게 흔들리는 물의 파장이 거부라는 듯 부동자세를 취한다.
  모네는 왜 그렇게 많은 수련을 그렸을까. 종일 그리다 보면 빛의 각도 따라 다르게 그려진다지만 그 외 이유는 없을까. 아주 동양적이고 정적이며 수련 사촌쯤 되는 연꽃의 종교성에 관심이 있었을까. 불교와 긴밀한 만큼 꽃을 보는 순간, 탁한 물 색깔이 눈에 들어오고 진흙과 꽃의 관계가 마음으로 이어지며, 물 안과 물 밖의 경계, 그 테두리가 무의미하다는 생각이 든다. 진흙처럼 나쁜 환경 속에서도 꽃을 피워내면 물 밖이든 물 안이든 상관없다는 생각 때문이다. 꽃잎이 진흙탕물에 닿지 않고 물 위에 오도카니 앉은 모습에 의미 부여를 했으려나. 자세히 보니 꽃잎이 수면에 닿을 듯 말 듯 내 눈도 덩달아 물에 닿았다 떨어졌다 한다.
  물속에 비치는 새로운 풍경이 다채롭고 물속 풍경 사이사이 수련 잎은 수면에 닿아 초록 영토를 굳건히 지키고 꽃잎은 아직도 물 위에서 품위를 지키고 있다. 이번엔 물속과 물 위의 경계, 그 수면을 바라보며 고뇌의 연못을 벗어나 득도한 깨달음의 경지를 본다고나 할까. 진흙탕 세계를 건너온 고고한 자태 같다. 꽃의 질감을 느끼기라도 한 듯 고요한 마음을 품는다. 좀 전까지만 해도 물을 건너 꽃섬에 가고 싶다는 생각이 들었는데 내 욕망으로 연못 세계를 휘저으면 안 될 듯하다. 진흙과 꽃과의 삶, 물 안과 물 밖의 경계, 물속과 물 위의 경계, 세속을 초월한 그 관계의 방식을 경외하며 다시 인간의 세상으로 나와 좁은 길을 이어 간다.

〈파라솔을 든 여인〉과 〈수련〉 연작으로 유명한 끌로드 모네Claude Monet. 〈인상, 해돋이〉 작품에서 유래됐다는 그의 유파, 인상주의에 걸맞게 바다, 자연, 태양 빛은 그의 그림에 영향을 주었겠다는 게 수긍이 간다. 일출과 일몰까지 태양의 각도 따라 종일 그림을 그리기에 충분한 환경이다. 바로 옆 항구도시 옹플뢰르에 살았던 스승 외젠 부댕과 만남에서도 '빛'에 대한 이야기로 온통 화폭을 채우고도 남았으리라.

지금 중천에 뜬 햇빛 아래 전 세계에서 몰려든 여행객의 다양한 언어

모네의 집 꽃 정원

도 빛과 섞여 그의 그림에 덧칠하는 것처럼 빛만큼 다각도로 수다스럽다. 빛은 또 다른 빛을 낳고 수련 꽃섬에서 물 위에 드리워진 물상이 연발 헤엄치게 하고 이리저리 지웠다 그려내기를 반복한다. 물그림자와 수련이 만들어놓은 꽃섬에는 슬픔과 외로움, 아픔과 고독의 흔적이 없다. 이렇게 맑고 화창하며 즐거워도 되나 싶을 정도다. 수련의 숨결에 화창함을 불러오는 DNA가 장착되었나 보다. 아니 모네의 유전형질은 온통 초록초록한 싱그러움만 가득했나. 수련의 시간은 환히 밝다. 접히거나 말라비틀어진 꽃도 하나 안 보인다. 연못에 각진 모서리 하나 없듯 내 마음 또한 둥글어진다. 꽃들끼리의 속삭임이 고요함 속 침묵을 깨듯 태양은 조금씩 소리 없이 움직인다. 저 하늘 어디쯤서 꽃의 표정을 더욱 각인시키고 있으리라.

모네의 집 앞마당으로 발길을 옮긴다. 어둡지 않았던 모네의 생이 읽히고 그려진다. 8월 끝자락이나 정원은 하양, 빨강, 노랑, 연분홍, 진분

모네의 집 내부에 걸린 그림들

홍으로 다채롭게 그의 삶을 품고 있다. 모네가 특히 좋아했다던 개양개비도 어딘가 있겠지. 주황색 꽃은 다 개양개비로 보인다. 꽃의 기울기가 나를 향한듯해 사잇길로 걷는 발걸음이 가볍다. 마음으로 굽혀있었던 허리가 꼿꼿해지며 덩달아 삶의 기쁨을 소회所懷한다. 언제 이렇게 마음이 밝았던가.

집 내부엔 온통 그의 그림과 그가 살았던 흔적이 고스란히 남아있다. 가족 그림과 수많은 수련, 일본풍의 그림들이 모네의 색깔, 초록의 농담濃淡을 더욱 짙게 한다. 거의 200여 년 전 모네의 모습을 정면, 측면, 뒷면까지 사방으로 세밀히 바라본 듯 친근해진다. 고독의 짙은 내음이 아닌 여유로운 자의 꽃향기를 흠뻑 내뿜는다. 초록 잎 배경의 꽃불이 활활 타듯 내 마음도 꽃이 되게 해준 수련의 시간을 더 길게 늘어뜨리고 싶다.

출구를 향할 시간인데도 모퉁이에서 서성거린다. 이곳 꽃은 영원히 피어있을 것 같고 '화무십일홍'이란 말은 존재하지 않을 것 같다. 정원과 정원 사이, 내부와 외부의 틈 어딘가엔 과거와 현재를 좁혀줄 언어가 남았을 것 같은데 그 숨은 말들 사이에 내 마음을 새겨놓을까 싶다. '정원의 꽃, 물 위의 수련 덕분에 구겨졌던 내 심장은 모네의 유채색, 초록 표정으로 무채색의 어둠을 지워버렸다.'고.

후덥지근한 열기를 밀어내고 수련의 시간을 기억 한 점으로 남긴다. 나를 기다리는 여행 동반자들이 왁자지껄하는 장소로 향한다. 향기 나는 한나절, 그 시간은 어두웠던 색을 걷어내고 삶에 대한 새로운 인식으로 모네 정원의 너비만큼 넓게, 밝게 물들였다. 그의 언어, 그림의 언어에 귀 기울이며 내 언어에도 삶의 농담을 입혀 더욱 농밀하고 다양하게 그려야겠다.

물 밑에서 서성이던 언어가 다시 꿈틀, 뒷모습 앞모습 보여주며 수련처럼 물 위로 오도카니 올라오도록 밀어붙일 힘을 얻어간다. 지베르니에 안녕을 고하고 옆 항구도시 옹플뢰르에 새로운 안녕을 준비한다.

예술가들의 성지, 옹플뢰르Honfleur

프랑스 여름에 보기 드문 흐린 날이다. 온통 하늘이 회색이다. 토라진 사람이 찡그린 얼굴을 내민 것 같다. 그래도 항구에 뜬 새하얀 요트가 눈부실 만큼 환해 어두운 하늘을 밀어낸다. 저 많은 요트는 누가 탈까. 도열해 있는 요트를 그린 화가도 많겠지. 작년 이맘때 이곳에 왔다가 올해 다시 들른 프랑스 북서쪽 항구 옹플뢰르Honfleur다.

작년엔 패키지로, 올핸 친구랑 렌트카로 왔다. 지베르니에서 옹플뢰르까지는 자동차로 1시간 30분 정도 소요된다. 아기자기하면서 항구가 예뻐 인상파 화가들이 이곳 풍경을 화폭에 많이 담은 곳이다. 외젠 부댕 Eugène Boudin(1824~1898)의 제자 클로드 모네를 비롯해 쿠베르, 카미유 코로, 요한 용킨트, 알프레드 시슬레, 카미유 피사로, 피에르 오귀스트 르누아르 등이 그들의 아지트 '생 시메옹 농가'에 모여 인생과 가난, 그림에 대해 담론을 펼친 곳이다. 항구와 항구를 둘러싼 도시가 비좁다는

옹플뢰르 항구의 요트

이미지와 함께, 빼곡하고도 조밀한 아름다움을 자아낸 곳에 다시 왔다.

항구에 발을 내딛자마자 생선을 그 자리에서 튀겨주는, 길거리 음식을 맛볼 기회를 얻었다. 빙어 튀김이다. 갓 튀긴 빙어라 맛이 일품이다. 내가 지금 바다의 맛과 멋을 즐기는 이곳에서 옹플뢰르 출신 화가 외젠 부댕이 이곳을 얼마나 많이 서성이며 그림을 그렸을까. 자연을 세밀하게 관찰하며 바다를 소재로 한 그의 풍경화 속에 들어와 있는 느낌이다. 밝은 빛과 유연한 붓놀림으로 19세기 말의 인상주의와 맞닿아 있다고, 예술에 조예 깊은 여행 짝지가 슬쩍슬쩍 지식을 밀어 넣어준다. 부댕의 항구답게 그의 그림을 보러온 사람들이 많다.

해안 지방에서 은둔생활을 하며 바다 그림을 그렸다는 외젠 부댕, 오늘 그의 바다 풍경에선 햇빛이 숨어버렸다. 솜사탕같이 만지면 금방이라도 부서질 뭉게구름과 파랑이 없는 하늘, 이런 날에도 부댕은 클로드 모네를 만나기도 했겠지. "내가 한 사람의 화가가 되었다면 그것은 모두 외젠 부댕의 덕분이다."라고 모네가 말할 정도로 끈끈한 사제지간이었던 둘 사이였다고 한다. 밝은 색조와 수면 위 빛의 움직임을 갖고 캔버스에 대화를 다 담기도 모자랐을 터, 흐린 날씨 묘사도 즐기기 나름 아니었을까.

수많은 바다 그림을 그리며 부댕은 매번 어떤 마음이었을까. 그의 영혼은 늘 푸른 바다, 수면에 이는 잔잔한 윤슬처럼 탱탱하게 뭉쳤다 풀리기를 반복했을까. 지금 내 눈에 비치는 윤슬의 일렁임처럼. 그 위에 자신의 상념을 얹히고 타는 목마름을 남긴 것일까. 가슴에 이는 사랑의 추파를 윤슬 사이사이 새겨넣고 '세상은 모르리라. 내 심장이 말하고 그리는 것을' 이렇게 읊조리지 않았을까. 바다의 몸에 이는 윤슬과 그의 심장에 들끓는 사랑의 거리는 무한대이거나 무한 영이거나 숫자가 없었을 게다. 이 항구에 내 상념도 삽입한다.

부댕의 도시에서 부댕이 인상파 화가들과 함께 많은 작품을 그리고 전시했다는데 그림에 문외한이지만 이곳까지 왔으니 점심 먹고 부댕 미술관을 찾아봐야겠다. 우선 항구 주변 풍경을 눈 안에 담고 골목길을 따라 걸었다. 유명한 옹플뢰르 특산물인 시드르(사과주) 가게, 초콜릿 가게, 배를 뒤집어서 만들었다고 하는 프랑스 유일 목조 성당인 '성 카트린 성당'을 둘러보고 토요일마다 열리는 100년 전통의 재래시장, 그 활기에 덩달아 생기를 얻고 식당을 찾았다.

항구 바짝 가까이 'Brasserie Le Marin'이라는 레스토랑에 앉았다. 홍합찜과 감자튀김 세트와 각종 채소가 들어간 대구요리를 시켰다. 항구 냄새가 스며있는 요리가 제맛이고 운치와 분위기 또한 항구 맛이었다. 아이스크림과 '카페 구르망Café Gourmand(네댓 종류의 디저트와 에스프레소 한

성 카트린 성당
목조 성당 내부와 외부

카페 구르망

잔으로 구성:식도락을 즐기는 자들이 마시고 먹는 디저트의 의미)'이라는 디저트까지 맛과 멋을 돋우었다.

낭만 식사를 하고 골목을 걸으며 구글의 안내에 따라 '부댕 미술관'을 찾았다. 골목이 너무 예뻐 발걸음을 늦추지만 이러다가 오늘 숙제를 못할 수도 있겠다 싶어 그림 속 바닷가 풍경을 보러 서두른다. 근처 항구 도빌, 트루빌을 포함해 평생 바다 풍경만 그렸다니 각 항구는 어떻게 다를까. 그래도 옹플뢰르를 그린 그림이 내 눈길을 사로잡는다. "프랑스 인상파 발전의 중심인물이고, 느슨하고 표현력이 풍부한 붓놀림과 야외풍경의 즉각성과 자발적인 능력"이라는 말이 그에 대한 수식어라는데 자연에 대한 그의 열망의 세계로 들어가 봐야겠다.

부댕 미술관

옹플뢰르, 항구, 1860

　액자 속 풍경 제목은 〈옹플뢰르, 항구, 1860〉이다. 액자 속 하늘은 오늘 하늘과는 다르다. 뭉게구름과 파란 하늘이 앞다투어 제 몸을 흔들고 발레리나처럼 무언의 춤을 춘다. 하늘을 꽉 채운다. 침묵의 언어를 받아 적으라고 종용하듯 수시로 자세를 바꿀 태세다. 물빛은 에메랄드, 켜켜이 쌓인 내 고뇌의 덩어리를 풀어놓아도, 내 삶의 불순물을 섞어 넣어도 항구여일 하겠다는 단호한 에메랄드 물빛에 나와 바다가 하나가 된 듯하다. 큰 돛을 단 돛단배 하나가 흰색과 파랑, 그리고 에메랄드 물빛 사이에 우뚝 서 있다.

　빈 배 드리운 화가의 의도는 무엇일까. 내 인생이 나에게 빈 배 한 척 물려주었는데, 무엇을 담았고 어떻게 담아내야 할지 여름날 통풍 안 되는 미술관 내부처럼 답답하다. 언뜻 스친다. 빈 배에 구멍이 나지 않으면 다행이다. 무엇이든 할 수 있고 흩어진 것을 모아서 담을 수 있고 기울어진 삶의 균형을 맞출 수 있다고 말해야 할까. 두드러진 회갈색의 돛이 있으니 상처 난 바닥으로 물이 들어올지언정 가라앉지 않게 해주리

라. 돛이 바람을 막고 방파제로 내 삶의 밑바닥 상처를 아물게 해주리라. 파랑, 하양, 회갈색, 에메랄드빛이 하늘 아래 바다 위, 내 마음속에서 더 이상 고통의 바다에서 고뇌의 제물이 되지 않으리라 다짐하고 후덥지근한 미술관 바닥을 내려다본다. 〈옹플뢰르, 항구, 1860〉의 실제 배경이 나를 부르며 밖으로 호출한다.

옹플뢰르 항구 물살 저 위에는 아직도 수많은 요트가 정박해있고 몸을 풀지 않는다. 생애 한순간을 기록하며 오래된 기억을 간직하듯 요트 주변을 한 번 더 서성이다 에메랄드 물빛에 마음을 적시고 잠시 바다의 살과 혼을 섞은 내가, 다시 세상의 내가 되어 발길을 뺀다. 곧 물빛도 불그스레한 옷을 입고 가로등 불빛을 기다릴 시간이 오겠지.

나는 옹플뢰르의 감성을 벗고 다음 여행지로 발길을 옮긴다.

인문지혜총서 · 023

장금식 글 · 사진

프랑스, 문학과 풍경이 말을 걸다

인쇄 2024년 12월 24일
발행 2024년 12월 30일

지은이 장금식
발행인 서정환
펴낸곳 인간과문학사
주소 서울특별시 종로구 삼일대로 30길 21, 종로오피스텔 809호
전화 (02) 742-5875, (063) 275-4000, (063) 251-3885
팩스 (063) 274-3131
이메일 essay321@hanmail.net sina321@hanmail.net
출판등록 제300-2013-133호
인쇄 · 제본 신아문예사

*저자와 협의하여, 인지는 생략합니다.
*잘못된 책은 바꿔 드립니다.

ISBN 979-11-6084-242-5 04810
      979-11-85512-04-4 세트

값 20,000원

Printed in KOREA